De la pauvreté à la richesse
ou la réalisation de la prospérité et de la paix

Préface

J'ai regardé autour de moi dans ce monde et j'ai trouvé qu'il était partout couvert par l'ombre noire de la douleur et brûlé par le feu ardent de la souffrance. Puis j'ai cherché la cause. J'ai regardé tout autour, mais n'en ai trouvé aucun; J'ai cherché des livres et je ne les ai pas trouvés non plus; J'ai jeté un coup d'œil à l'intérieur et là j'ai trouvé la cause et j'ai aussi vu que tout était de la faute de l'homme. Quand j'ai cherché plus loin et plus profondément, j'ai aussi trouvé le remède. J'ai trouvé une loi, la loi de l'Amour; une vie, la vie qui s'est conformée à cette loi; une seule vérité, la vérité d'une volonté contestée et d'un cœur calme et docile. Alors j'ai conçu d'écrire un livre qui aiderait tous les hommes, riches ou pauvres, savants ou ignorants, mondains ou non, à trouver en eux-mêmes la source de tout succès, de toute vérité, de bonheur et de talents. J'y ai longuement réfléchi et enfin ma pensée s'est réalisée et maintenant j'envoie le petit livre dans le monde pour remplir sa mission. J'espère qu'il en bénira et en réconfortera beaucoup, convaincu que je suis qu'il sera certainement reçu dans les foyers et les cœurs de ceux dont l'esprit est ouvert aux leçons qu'il contient.

Première partie:
Le chemin de la prospérité

1.
La leçon du mal

L'anxiété, le chagrin et le chagrin sont les ombres qui assombrissent nos vies. Il n'y a pas un cœur dans ce monde qui n'ait ressenti aucune douleur, il n'y a pas un esprit qui n'ait pas balancé sur les eaux sombres de la douleur, aucun œil qui n'ait pleuré les larmes chaudes et aveuglantes d'une indicible agonie. Il n'y a pas de maison où l'Ange de la mort n'est pas entré, ou où la maladie est inconnue, ces deux puissances corruptrices déchirent les cœurs et jettent sur tous le sombre linceul de la douleur. Dans les mailles solides et apparemment indestructibles du filet du mal, tous sont parfois pris, et la douleur, le malheur et la misère sont les gardes du corps de l'humanité.

Pour échapper à cette sombre obscurité, ou pour y apporter plus ou moins de lumière, hommes et femmes usent d'innombrables aides ou chemins, le long desquels ils espèrent en silence atteindre un bonheur complet qui ne leur sera pas ôté. C'est ce que font l'ivrogne et la Chandeleur, qui se vautrent dans les plaisirs sensuels ; l'esthétique aussi, qui exclut les inconvénients du monde et s'entoure d'une opulence déconcertante ; comme l'homme qui a soif de renommée et d'honneur, méprise toutes choses pour atteindre ce but ; aussi ceux qui cherchent leur réconfort dans l'exercice de devoirs religieux formels.

Le bonheur recherché semble arriver à tous, et l'âme est bercée dans un doux repos pendant un certain temps, tandis que dans l'illusion elle oublie l'existence du mal - mais le jour du malheur vient enfin, ou l'âme impuissante est soudainement rattrapée par un grand chagrin, une grande tentation ou une grande épreuve, et l'édifice du prétendu bonheur tombe en ruine.

Ainsi prend au-dessus de la tête de chaque homme l'épée de Damoclès, prête à chaque tomber pour écraser le cœur de celui qui n'est pas protégé par une connaissance supérieure.

L'enfant veut être un homme ; l'homme soupire après le bonheur perdu de l'enfance. Le pauvre arrache la chaîne qui le lie, et le riche vit souvent dans la peur de la misère ou parcourt le monde pour saisir une ombre qu'il appelle le bonheur. Parfois une personne pense qu'elle a trouvé la paix et la satisfaction parfaites dans une religion, ou dans un système philosophique, ou dans un idéal intellectuel ou artistique ; mais à l'heure de la tentation accablante, la religion s'avère insuffisante, la philosophie un appui insuffisant, et en un instant l'édifice de l'idéal, sur lequel l'admirateur a travaillé pendant des années, s'effondre en décombres et décombres.

N'y a-t-il donc aucun moyen d'échapper à la douleur et au chagrin ? N'y a-t-il aucun moyen de briser les liens de la servitude et du mal ? Le bonheur durable, la prospérité constante et la paix constante sont-ils un rêve vain ? Non, il y a un chemin, et je le dis avec une grande joie, par lequel on peut échapper au mal ; il y a un moyen par lequel la maladie, la pauvreté et l'adversité peuvent être mises de côté, pour ne plus jamais nous submerger ; il existe une méthode par laquelle une prospérité durable peut nous être assurée, qui est libre de se tourner vers l'adversité, et il existe un mode de vie par lequel la paix et le bonheur non perturbés et sans fin peuvent être nôtres. Et la première étape qui nous conduit à la réalisation de toute cette gloire est une compréhension de la nature du mal.

Il ne suffit pas de nier ou d'ignorer le mal, sa nature doit être comprise.

Il ne suffit pas de prier Dieu pour ôter le mal ; il faut savoir pourquoi il existe et quelle leçon on peut en tirer. Il ne s'agit pas de murmurer, de rager ou de déchirer les chaînes qui vous retiennent ; vous devez savoir pourquoi vous êtes lié. Regardez dans votre cœur et essayez de vous examiner et de vous comprendre. Ne soyez pas un enfant désobéissant à l'école de l'expérience, mais commencez humblement et patiemment à apprendre les leçons qui vous sont données pour votre édification et votre perfection finale ; car si le mal comprend bien , Il s'avère qu'il ne s'agit pas d'un pouvoir ou d'un principe illimité dans l'univers, mais d'une apparence transitoire de l'expérience humaine, et il devient donc un enseignant pour ceux qui en tireront profit. Le mal n'est pas quelque chose d'abstrait en dehors de vous ; c'est une expérience dans votre propre cœur, et en examinant patiemment et en corrigeant ce cœur, vous arriverez progressivement à découvrir l'origine et la nature du mal, qui seront bientôt suivies de son éradication complète.

Tout mal est destiné à l'amélioration et à la réparation et n'est donc pas permanent. Elle est enracinée dans l'ignorance, dans l'ignorance de la véritable nature et relation des choses, et tant que nous sommes dans cet état d'ignorance, nous restons sujets au mal. Il n'y a pas de mal dans l'univers qui ne soit le résultat de l'ignorance, et il nous conduirait, si seulement nous y appliquions les bons moyens, à une sagesse supérieure, puis disparaîtrait. Mais les hommes continuent à vivre dans le mal, et cela ne passe pas, parce qu'ils ne veulent pas apprendre la leçon qu'il y a pour eux. J'ai connu un enfant qui pleurait tous les soirs quand sa mère le mettait au lit parce qu'il n'avait pas le droit de jouer avec la bougie ; et un soir, alors que la mère ne faisait pas attention un instant, l'enfant saisit la chandelle ; l'inévitable a suivi et maintenant il ne l'a plus jamais demandé. Par cet acte insensé, il avait appris la leçon de l'obéissance et avait appris que le feu brûle. Ce cas nous donne un exemple clair de la nature, de la signification et de la fin de tout péché et de tout mal. Comme l'enfant souffre du feu par sa propre ignorance, de même les enfants plus âgés souffrent de leur ignorance de la nature réelle des choses pour lesquelles ils pleurent et luttent, et qui, une fois obtenues, ne font que leur nuire et leur nuire ; la seule différence est que dans ce dernier cas l'ignorance et le mal sont plus profondément et fermement enracinés.

Les ténèbres ont toujours été le symbole du mal et la lumière du bien, dans le symbole se cache la réalité, son interprétation complète ; car, comme la lumière projette ses rayons sur l'univers, et que l'obscurité n'est qu'une ombre à travers un peu.......

objet, qui intercepte quelques rayons de la lumière illimitée, ainsi aussi la lumière du sublime Bien est la force positive et vivifiante qui déborde l'univers, et le mal l'ombre insignifiante projetée par soi, qui intercepte et exclut les rayons éclairants, essayant envahir. Lorsque la nuit enveloppe la terre de ses robes noires intrusives, aussi denses que soient les ténèbres, elles ne couvrent pourtant que le petit espace de notre demi-planète, tandis que l'univers tout entier brille de lumière et chacun sait que le matin, au réveil, la lumière être revu. Sachez donc que lorsque la nuit noire du chagrin, de la douleur ou du malheur descend sur votre âme, et que vous trébuchez d'un pas las et incertain, vous n'interceptez que vos propres désirs, et que l'ombre noire qui se trouve entre l'immense lumière de votre la joie et le salut et toi-même ne sont jetés que par ta propre personne. Comme l'obscurité extérieure n'est qu'une ombre négative, quelque chose d'irréel, qui vient de nulle part, ne va nulle part et n'a pas de place permanente, de même l'obscurité intérieure n'est qu'une ombre négative, attirant l'âme qui grandit et naît de la lumière. . "Mais," j'entends quelqu'un dire, "pourquoi faut-il passer par les ténèbres du mal?" Parce que par ignorance tu as voulu faire cela, et aussi parce qu'en agissant ainsi, tu comprendrais le bien et le mal, et apprécierais d'autant plus la lumière maintenant que tu as traversé les ténèbres. Comme le mal est le résultat de l'ignorance, cette ignorance disparaît lorsque la leçon du mal est pleinement apprise et que la sagesse prend sa place. Mais comme un enfant désobéissant refuse d'apprendre sa leçon à l'école, il est également possible de refuser d'apprendre la leçon de l'expérience, et ainsi on reste dans l'obscurité perpétuelle et souffre les punitions récurrentes de la maladie, de la déception et du chagrin. Par conséquent, celui qui veut rester libre du mal qui l'entoure partout doit être instructif et désireux de se soumettre à cette discipline sans laquelle aucune sagesse ou bonheur durable ne peut jamais faire partie de l'homme.

Quelqu'un peut s'enfermer dans une pièce sombre et disons qu'il n'y a pas de lumière, pourtant elle est partout là-bas et l'obscurité ne se trouve que dans sa propre petite pièce. Ainsi, on peut fermer la lumière de la vérité, ou on peut commencer à supprimer les barrières de préjugés, d'égoïsme et d'erreur que l'on a érigées autour de soi, et ainsi laisser entrer la lumière glorieuse et omniprésente.

 Essayez, par un sérieux examen de conscience, de vous faire comprendre que le mal est une chose passagère, une ombre créée par vous-même, et ne le croyez pas sur la seule autorité des autres ; toute votre douleur, votre chagrin et votre malheur vous sont venus par une loi inévitable et absolue de la nature, parce que vous le méritez et avez besoin de discipline, et que vous, le supportant d'abord, puis le comprenant, pourriez devenir plus fort, plus sage et plus noble . Lorsque vous aurez bien compris cela, vous pourrez façonner votre propre situation, changer tout mal en bien, et tisser d'une main de maître le fil de votre destin.

Veilleur, et la nuit ?

Voyez-vous déjà le matin lumineux sur les hauteurs des montagnes ?

A Aurora comme héraut de la lumière,

Ses pas pointaient déjà vers les sommets des collines ?

Vient la lumière pour dissiper les ténèbres,

Et faire disparaître tous les mauvais esprits de la nuit ?

Vos yeux voient-ils déjà les rayons du soleil,

Entendez-vous la voix de la lumière qui condamne toutes les erreurs ?

Le matin se lève avec son éclat de soleil,

Il dore les sommets des montagnes d'un éclat doré.

Je discerne vaguement le chemin par lequel

des pieds scintillants viennent se retourner contre la nuit.

L'obscurité passera et tout,

Ceux qui aiment les ténèbres et détestent la lumière,

Disparaîtra dans la nuit pour de bon :

Réjouir! chante ainsi le héraut rapide

2.

Le monde un reflet de l'humeur de l'homme

Votre monde est ce que vous êtes vous-même. Tout dans l'univers est dissous dans votre propre expérience intérieure. Peu importe ce qui est en dehors de vous, tout est le reflet de votre propre condition. Cela fait toute la différence à quoi ressemble votre existence intérieure, car tout ce qui se trouve là-bas sera reflété et teinté en conséquence.

Tout ce que vous savez avec conscience est contenu dans votre propre expérience ; tout ce que tu sauras jamais doit passer par la porte de l'expérience et devenir ainsi une partie de toi-même. Vos propres pensées, désirs et aspirations façonnent votre monde, et pour vous, tout ce qui existe dans l'univers de la beauté, de la joie et du bonheur, de la laideur, de la tristesse et de la douleur est contenu en vous-même. Par vos propres pensées, vous créez ou gâtez votre vie, votre monde, votre tout. Au fur et à mesure que vous construisez à l'intérieur par le pouvoir de la pensée, votre situation et votre vie extérieure se formeront. Ce que vous chérissez au plus profond de votre cœur finira tôt ou tard, par la loi inévitable de la réaction, à sortir et à se révéler dans votre vie extérieure. L'âme, qui est impure, basse et égoïste, s'enfonce de plus en plus profondément dans la misère et la calamité avec une grande justesse ; tandis que l'âme, qui est pure, désintéressée et noble avec la même justesse, s'élance vers le bonheur et la prospérité. Chaque âme puise la sienne et rien ne peut la toucher qui ne lui appartienne. Pour comprendre c'est le. l'universalité de la loi divine. Les incidents de toute vie humaine, qui entraînent un progrès ou un déclin, y sont introduits par le pouvoir de la vie intérieure de la pensée. Chaque âme est une combinaison complexe d'expériences et de pensées acquises, et le corps n'est qu'un véhicule de fortune pour sa manifestation. Quelles sont donc vos pensées, vous-même et le monde qui vous entoure, l'animé et l'inanimé portent la robe dont vos pensées l'ornent. « Tout ce que nous sommes est le résultat de ce que nous avons pensé ; il est basé sur nos pensées et formé par elles. Ainsi parlait Bouddha, et il s'ensuit que si l'on est heureux, il l'est par ses pensées heureuses ; s'il est malheureux, c'est qu'il a des pensées dépressives et énervantes. Que l'on soit craintif ou intrépide, insensé ou sensé, découragé ou joyeux, la cause de ces conditions réside dans l'âme, jamais en dehors d'elle.

Mais maintenant j'entends plusieurs voix demander à l'unisson : « Pensez-vous vraiment que les circonstances extérieures n'ont aucune influence sur notre état d'esprit ?

Je n'ai pas dit cela, mais j'insiste, et je sais que c'est une vérité infaillible que les circonstances ne peuvent vous affecter que dans la mesure où vous le permettez vous-même. Vous êtes jeté par les circonstances, parce que vous n'avez pas une bonne compréhension de la nature, en utilisant le pouvoir de la pensée. Tu crois (et de cette petite parole de foi dépendent toute notre peine et notre joie) que les choses extérieures ont le pouvoir de faire ou de gâter ta vie ; ce faisant, vous vous soumettez à ces apparences extérieures, vous avouez que vous êtes leur esclave et qu'ils sont votre maître inconditionnel ; ainsi tu leur donnes un pouvoir qu'ils ne possèdent pas d'eux-mêmes, et tu vas au combat, non contre les circonstances, mais contre la tristesse ou la joie, la peur ou l'espoir, la force ou la faiblesse dont tes pensées les ont revêtus. .

J'ai connu deux hommes qui, encore dans la vigueur de la virilité, ont perdu d'un coup les économies durement gagnées pendant des années. L'un était profondément déprimé, cédait à son chagrin, sans s'en relever. Lorsque l'autre a lu dans le journal du matin que la banque à laquelle il avait confié son argent avait éclaté et qu'il avait tout perdu, il a dit calmement et avec décision : travaillez dur. Il se mit au travail avec un regain de courage, bientôt récupéré, tandis que le premier, qui continuait à pleurer la perte de son argent et à murmurer sur le malheur, restait le jouet et l'outil du malheur, en réalité, en fait de ses propres pensées faibles et serviles. . La perte de l'argent était une malédiction pour quelqu'un, car il a habillé l'événement de pensées sombres et sombres; c'est devenu une bénédiction pour l'autre, parce qu'il y attachait des pensées d'énergie, d'espoir et d'effort renouvelé des forces.

Si les circonstances avaient le pouvoir de répandre la bénédiction ou la ruine, elles auraient le même effet sur chacun ; mais le fait qu'une même circonstance puisse avoir un effet bon ou mauvais sur différentes personnes prouve que le bien ou le mal n'est pas dans les circonstances, mais seulement dans l'esprit de celui qui les éprouve. Lorsque vous commencerez à comprendre cela, vous apprendrez à contrôler vos pensées, à essayer de discipliner votre esprit et à reconstruire le temple intérieur de votre âme, en en supprimant tout le matériel inutile et superflu, et en ne prenant dans votre être que des pensées de joie et de gaieté. , de force et de vie, de compassion et d'amour, de beauté et d'immortalité ; et si tu fais cela, tu seras heureux et joyeux, fort et en bonne santé, compatissant et aimant, et beau avec la beauté de l'immortalité. Tout comme nous revêtons les événements du tissu de nos propres pensées, nous revêtons les objets du monde visible qui nous entourent, et là où l'un perçoit l'harmonie et la beauté, l'autre voit une laideur odieuse. Un naturaliste passionné a couru une fois à travers le pays pour s'adonner à son passe-temps et, au cours de ses pérégrinations, est tombé sur un bassin d'eau peu profonde près d'une ferme. Alors qu'il remplissait un petit flacon avec de l'eau pour l'examiner au microscope, il l'expliqua avec plus d'enthousiasme que de sagesse à un fermier non civilisé qui se tenait là et parla des merveilles méchantes et innombrables que la piscine, sur lesquelles il conclut en disant : "Oui, mon ami, dans ce bassin il y a cent, voire des millions de créatures, si seulement nous avions la compréhension et l'instrument par lequel nous pourrions les détecter." A quoi le fermier analphabète remarqua très gravement : « Je sais que l'eau est pleine de crapauds, mais ils ne sont pas difficiles à attraper.

Là où le naturaliste, l'esprit rempli de la connaissance des merveilles de la nature, voyait la beauté, l'harmonie et la gloire cachée, l'esprit du non-initié ne percevait qu'une odeur nauséabonde et flaque de boue. La fleur sauvage que le passant irréfléchi piétine sous ses pieds est dans l'esprit du poète une messagère des lieux célestes. Pour le spectateur ordinaire, l'océan n'est qu'une étendue d'eau sans fin et monotone sur laquelle les navires se déplacent et sur laquelle ils coulent ; pour l'âme du musicien la mer est une chose vivante, et il entend des sons sublimes dans tous ses changements. Là où l'esprit commun perçoit le désastre et la confusion, le philosophe ne voit que l'enchaînement complet de la cause et de l'effet ; là où le matérialiste ne voit que la mort sans fin, le mystique perçoit la palpitation et la vie éternelle.

De même que nous revêtons les circonstances et les objets de nos propres pensées, nous revêtons l'âme des autres du tissu de nos pensées. Les personnes suspectes pensent que tout le monde se méfie d'elles ; le menteur croit fermement qu'il n'est pas assez fou pour penser qu'il existe une personne vraiment véridique ; le jaloux perçoit la jalousie dans chaque âme ;

l'avare pense que tout le monde cherche son argent ; celui qui a serré sa conscience pour accumuler des richesses dort avec un revolver sous son oreiller, pensant que le monde est plein de gens sans scrupules qui préfèrent ne rien faire. que de tout lui voler et l'homme qui s'est livré à la sensualité pense que les saints sont des hypocrites. D'un autre côté, celui qui entretient des pensées d'amour et de paix voit dans tout ce qui éveille son amour et sa sympathie ; les honnêtes gens font confiance à tout le monde et ne sont pas tourmentés par de mauvais soupçons ; les gens bienveillants et humains, qui se réjouissent du bonheur d'autrui, savent à peine ce que signifie la jalousie, et celui qui est convaincu qu'il est d'origine divine, respecte l'existence de chacun, même celle des animaux. Les hommes sont encore plus confirmés dans leur opinion une fois formée, parce que même en vertu de la loi de cause à effet, ils attirent à eux la même chose qu'ils envoient, et entrent ainsi en contact avec des hommes qui sont également d'esprit avec eux-mêmes. Le vieil adage, gentil cherche le genre a un sens plus profond qu'on ne le pense superficiellement, car dans le monde de la pensée comme dans celui de la matière, tout cherche son égal.

Souhaitez-vous l'amitié? Être amical.

Demandez-vous la Vérité ? Sois sincère.

Ce que tu donnes, tu le retrouveras,

Votre monde ne reflète que votre image.

Si vous êtes de ceux qui recherchent un monde meilleur au-delà de la tombe et prient pour cela, alors cette nouvelle de joie est pour vous, vous pouvez déjà entrer dans ce monde de félicité ; il remplit tout l'univers et est en vous, attendant que vous le trouviez, le reconnaissiez et en preniez possession. Notre Seigneur et Maître, qui connaissait la loi intérieure de nos pensées, a dit : Quand ils diront : Voici, c'est ici, ou c'est là, n'y croyez pas, et ne sortez pas ; car voici, le royaume de Dieu est à l'intérieur. tu." Tout ce que vous avez à faire est d'y croire. croyez-le simplement sans hésitation et réfléchissez-y jusqu'à ce que vous le compreniez complètement. Ensuite, vous chercherez à purifier et à purifier le monde de votre esprit, et à mesure que vous procéderez de révélation en révélation, vous constaterez que le monde extérieur est impuissant face au pouvoir intérieur d'une âme contrôlée par des puissances supérieures.

Voulez-vous réformer le monde,

Bannir tout son chagrin et son mal ?

Couvrez le désert de fleurs,

Que le désert fleurisse comme la rose, —

Alors reformez-vous.

Voulez-vous racheter le monde,

De son long esclavage au péché ?

Connectez tous les cœurs brisés,

Efface le chagrin,

laisse le doux confort à l'intérieur

Alors rachetez-vous.

Voulez-vous guérir le monde

De sa longue maladie, son chagrin et sa douleur

Entrez dans la joie de guérison, (faire et finir ?)

Et rendre la paix aux affligés ? —

Alors guéris-toi.

Voulez-vous réveiller le monde,De son rêve de mort et de bataille des ténèbres ? D'amour et de paix dans, Avec la lumière et l'éclat de la vie immortelle,— Réveillez-vous alors.

3.
Un moyen de sortir des situations indésirables

Après avoir vu que le mal n'est qu'une ombre passagère projetée par soi-même sur la forme sublime du bien éternel, et que le monde est un miroir dans lequel chacun voit sa propre image, nous procédons maintenant au jeûne et à un certain pas en avant vers cette sphère. de perception dans laquelle nous percevons et comprenons le concept de la loi. Avec cette compréhension vient la connaissance que tout est contenu dans une opération incessante de cause à effet, et que rien ne peut être séparé de la loi. Des pensées, paroles ou actions les plus insignifiantes de l'homme au placement des corps célestes, tout est soumis à la loi. Aucune condition arbitraire ne peut exister même pour un instant, car une telle condition serait un déni et une destruction de la loi. Ainsi, chaque condition de la vie procède d'une séquence ordonnée et proportionnelle, et le secret et la cause de chaque condition réside dans cette condition elle-même. La Loi, « Tout ce qu'un homme sème, il le moissonnera aussi », est écrite en lettres flamboyantes sur les portes de l'Éternité, et personne ne peut la nier ni y échapper. Celui qui met sa main dans le feu doit sentir la lueur jusqu'à ce que la chaleur de la brûlure se soit dissipée, et ni les malédictions ni les prières ne peuvent faire la moindre différence.

La même loi régit le domaine de la vie intérieure. La haine, la colère, la jalousie, l'envie, la sensualité, la luxure, tous ces péchés sont autant de feux ardents, et celui qui les touche mais momentanément doit supporter les douleurs de la brûlure. Tous ces états d'esprit sont appelés à juste titre "mauvais", car ils sont les efforts de l'âme pour violer la loi par ignorance, et y apporter ainsi confusion et agitation, qui se révèlent tôt ou tard dans les circonstances extérieures, comme la maladie, l'erreur et le malheur. , accompagné de chagrin, de douleur et de désespoir. Tandis que l'amour, la douceur, la bonté et la pureté opèrent comme des courants d'air frais sur l'âme, qui recherche ces vertus, et comme elles correspondent à la loi éternelle, elles se manifestent sous la forme de la santé, d'un environnement de paix, d'un succès continu et d'un bonheur durable.

Une compréhension approfondie de cette grande loi qui accomplit tout l'univers conduit à l'atteinte de cet état d'esprit connu sous le nom d'obéissance. Savoir que la justice, l'harmonie et l'amour sont prédominants dans l'univers, c'est savoir que toutes les conditions discordantes et désordonnées sont le résultat de notre désobéissance à cette loi. Cette connaissance mène à la force et au pouvoir, et sur cette seule connaissance peut être fondée une vie vraiment bonne, qui va de pair avec le succès et le bonheur continus. Être patient dans toutes les conditions, et considérer toutes les circonstances comme des facteurs nécessaires à votre éducation, c'est vous élever au-dessus d'elles et les conquérir pour de bon, sans crainte de leur retour, car par l'obéissance à la loi tous les ennemis sont anéantis. de la manière. Un homme qui vit ainsi dans l'obéissance travaille en harmonie avec la loi, il s'est identifié à elle, et s'il a remporté une victoire, c'est pour le bien, ce qu'il construit ne peut jamais être détruit.

La cause de toute force, comme de toute faiblesse, est en elle : le secret de tout bonheur et de toute misère s'y trouve aussi. Il n'y a pas de progrès qui ne surgisse en nous, et pas d'appui sûr pour la prospérité et la paix, si ce n'est par des progrès réguliers dans la connaissance.

Vous dites que vous êtes enchaîné par les circonstances, que vous aspirez à de meilleures opportunités, à un emploi plus large, à de meilleures conditions physiques, et peut-être maudissez-vous dans votre cœur le destin qui vous tient pieds et poings liés. C'est pour vous que j'écris ceci et c'est à vous que je m'adresse avant tout, écoutez-moi et laissez mes paroles entrer dans votre cœur, car ce que je vous dis est la vérité : « Vous pouvez avoir cette condition améliorée que vous désirez dans votre vie extérieure si vous mettez-vous au travail avec détermination pour améliorer votre vie intérieure. Je sais que ce chemin semble difficile à ses débuts (la vérité le fait toujours, seulement l'erreur etles illusions sont d'abord tentantes et attirantes), mais si vous entreprenez de marcher dans cette direction ;

si, avec persévérance, vous maîtrisez votre esprit, éradiquez vos faiblesses et donnez l'opportunité aux pouvoirs de votre âme de se déployer, vous vous émerveillerez devant les changements étonnants qui se produiront dans votre vie extérieure. Au fur et à mesure que vous avancerez, des opportunités en or seront parsemées sur votre chemin, et la force et le jugement nécessaires pour bien les utiliser apparaîtront naturellement en vous. De bons amis vous rencontreront non sollicités; les esprits sympathiques seront attirés vers vous comme l'aiguille d'acier vers l'aimant ; les livres et toute l'aide extérieure dont vous avez besoin viendront à vous d'eux-mêmes. Peut-être êtes-vous tourmenté par la pauvreté et vous êtes sans amis et seul, vous aspirez à ce que votre fardeau soit allégé, mais néanmoins il reste sur vous et vous semblez être enveloppé dans une obscurité toujours croissante.

Peut-être déplorez-vous et déplorez-vous votre sort; vous blâmez votre naissance, vos parents, votre patron ou une puissance supérieure injuste, qui vous a apporté une pauvreté et une misère si imméritées, tout en procurant abondance et plaisir aux autres. Cessez de vous plaindre et de grommeler, aucune de ces choses que vous nommez n'est la cause de votre besoin ; la cause est en vous, et là où est la cause, il y a aussi le remède. Vos plaintes en elles-mêmes prouvent déjà que vous méritez votre sort. Par cela, vous montrez qu'il vous manque la foi qui est le fondement de tout effort et de tout progrès. Il n'y a pas de place pour les plaignants dans le domaine de la loi, et le murmure est un suicide de l'âme. Par votre attitude vous aggravez les chaînes qui vous lient, et vous approfondissez les ténèbres qui vous entourent. Changez votre vision de la vie et votre vie extérieure changera également. Construisez-vous dans la foi et la connaissance et rendez-vous digne d'un meilleur environnement et d'opportunités plus vastes.

Assurez-vous d'abord si vous tirez le meilleur parti de ce que vous avez.

Ne vous trompez pas en pensant que vous êtes apte à de grandes choses, alors que vous négligez les petites, car si vous détenez ces plus grandes opportunités, ce serait sûrement l'avantage ne durerait pas, et vous retomberiez bientôt dans votre ancienne condition pour apprendre d'abord la leçon que vous aviez négligée. Tout comme un enfant à l'école doit d'abord apprendre les principes avant de pouvoir continuer, de même pour obtenir le grand bien que vous désirez, vous devez fidèlement mettre à profit ce que vous possédez déjà. La parabole des talents est une belle histoire, qui rend cette vérité claire, car elle n'en ressort pas pleinement, que si nous négligeons ou dégradons ce que nous avons, si petit ou si insignifiant, que même ce peu sera pris de nous parce que par notre comportement nous montrons que nous ne sommes pas trop dignes.

 Peut-être vivez-vous dans une petite maison et êtes-vous entouré d'influences malsaines et nocives. Vous souhaitez une demeure plus grande et plus saine. Ensuite, vous devez vous préparer à cela en faisant d'abord de votre petite maison un petit paradis autant que possible. Gardez-le propre et bien rangé, rendez-le aussi doux et confortable que vos moyens vous le permettront. Cuisinez vos aliments simples avec le plus grand soin, et disposez le tout sur votre humble plat avec le plus de goût possible. Si vous n'avez pas les moyens d'acheter un tapis, que vos chambres soient habillées du sourire de l'hospitalité, attachées avec des paroles aimables par le marteau de la patience. Un tel vêtement ne se décolore pas au soleil et ne s'use pas avec une utilisation continue.

En ennoblissant ainsi votre environnement actuel, vous vous élèverez au-dessus de lui, et au-dessus de la nécessité de celui-ci, et en temps voulu vous passerez dans la meilleure maison et l'environnement qui vous attendaient déjà et pour lesquels vous vous êtes maintenant préparé.

Peut-être aspirez-vous à plus de temps pour la réflexion et l'effort, et avez-vous l'impression que vos heures de travail sont trop dures et trop longues. Veillez alors à tirer le meilleur parti du peu de temps libre qui vous reste. Il ne sert à rien de désirer plus de temps si vous gaspillez le peu que vous avez ; vous ne feriez que devenir plus lent et plus indifférent.

Même la pauvreté et le manque de temps et de moments libres ne sont pas les désastres que vous pensez qu'ils sont, s'ils entravent votre progression c'est parce que vous infirmités, et le mal que vous y voyez est vraiment en vous-même. Essayez de réaliser pleinement et complètement que dans la mesure où vous façonnez et travaillez votre esprit, vous êtes le créateur de votre destin, et à mesure que vous comprenez cela de plus en plus par le pouvoir de la discipline, vous découvrirez que ces soi-disant désastres peuvent être transformés en bénédictions.. Alors vous utiliserez votre pauvreté pour cultiver la patience, l'espoir et le courage, et votre manque de temps pour gagner en rapidité d'action et de décision, en saisissant les moments précieux qui se présentent sur votre chemin. De même que les plus belles fleurs poussent sur les pires sols, de même dans le sombre environnement de la pauvreté, les fleurs les plus glorieuses de l'humanité se sont développées et ont fleuri. Là où il y a des difficultés à affronter et des circonstances opposées à surmonter, là la vertu fleurit le plus et manifeste sa gloire.

Peut-être êtes-vous au service d'un maître ou d'une maîtresse tyrannique et avez-vous l'impression d'être traité durement. Considérez cela aussi comme nécessaire pour votre formation. Rembourse la méchanceté de ton seigneur par la douceur et le pardon, Exerce continuellement la patience et la maîtrise de soi. Sachez utiliser ces circonstances pour atteindre la force morale et spirituelle, car par votre exemple silencieux et votre influence, vous donnerez une leçon à votre seigneur, et l'amènerez jusqu'à avoir honte de sa conduite, et en même temps vous exaltez-vous à cette hauteur de puissance spirituelle, grâce à laquelle vous pourrez entrer dans un meilleur environnement lorsqu'il vous sera présenté. Ne vous plaignez pas d'être un esclave, mais par votre noble conduite, élevez-vous au-dessus de la sphère de l'esclavage. Avant de vous plaindre d'être l'esclave d'un autre, voyez si vous n'êtes pas votre propre esclave. Regardez en vous; examinez-vous bien et n'ayez aucune compassion pour vous-même. Vous pouvez découvrir des pensées et des désirs serviles, ainsi que des habitudes serviles dans votre vie et votre conduite quotidiennes. Surmontez-le, arrêtez d'être esclave de vous-même et personne au monde n'aura le pouvoir de vous asservir. En vous surmontant, vous surmonterez toutes les circonstances opposées et toutes les difficultés s'éloigneront de vous. Ne vous plaignez pas d'être opprimé par les riches. Es-tu sûr que si tu étais riche, tu n'opprimerais pas les autres ? Souvenez-vous qu'il y a une loi éternelle qui est parfaitement juste, et que quiconque est oppresseur aujourd'hui doit lui-même être affligé demain ; il n'y a pas d'échappatoire à cela.

Peut-être avez-vous été riche et oppresseur et maintenant vous ne remboursez que la dette qui était encore sur votre compte auprès de la Loi Éternelle. Exercez donc votre esprit et votre foi. Attardez-vous continuellement avec vos pensées sur le droit éternel, le bien éternel. Essayez de vous élever au-dessus du personnel et du périssable vers l'impersonnel et l'impérissable. Secouez l'idée insensée que vous êtes blessé ou opprimé par un autre et essayez de comprendre, par une compréhension plus profonde de votre vie intérieure et des lois qui régissent cette vie, que vous n'êtes blessé que par ce qui est en vous. . Il n'y a pas de pratique plus dégradante et destructrice d'âme que de cultiver la compassion pour soi-même. Mettez ça loin de vous. Alors qu'un tel cancer ronge votre cœur, vous ne pouvez jamais vous attendre à atteindre une vie plus élevée. Arrêtez de juger les autres et commencez à vous juger. Ne tolérez aucun acte, désir ou pensée en vous-même qui ne puisse résister à l'épreuve de la pureté immaculée ou à la lumière d'une existence sans péché. Ce faisant, vous bâtirez votre maison sur le roc de l'Éternel, et tout ce qui est nécessaire à votre bonheur et à votre bien-être viendra à vous en son temps. Il n'y a vraiment aucun moyen de s'élever définitivement au-dessus de la pauvreté ou de toute condition indésirable, mais en éradiquant ces conditions égoïstes et négatives en vous, dont les premières sont le reflet et par lesquelles elles restent ici. Le moyen d'obtenir la richesse marchande est d'enrichir l'âme de vertus. Au-delà de la vraie vertu du cœur, il n'y a ni prospérité ni puissance, seulement l'apparence de celle-ci. Je sais qu'il y a des gens qui gagnent beaucoup d'argent sans pratiquer la vertu, ou sans le vouloir ; mais un tel argent n'est pas non plus une véritable richesse, et sa possession est périssable et source d'ennuis. Lis le témoignage de David : « J'étais envieux des insensés, quand j'ai vu la prospérité des méchants. . . Leurs yeux coulent de graisse, ils ont tous les désirs de leur cœur... En vérité, j'ai purgé mon cœur en vain, et je me suis lavé les mains dans l'innocence... Quand j'ai réfléchi à tout cela, cela est devenu trop lourd pour moi, jusqu'à ce que j'entre dans le sanctuaire de l'Éternel et que je voie la fin des méchants. La prospérité des méchants fut une grande épreuve pour David, jusqu'à ce qu'il entra dans le sanctuaire de Dieu, et vit alors leur fin. Vous aussi, vous pouvez entrer dans ce sanctuaire. C'est en vous. C'est cet état de conscience qui demeure quand tout ce qui est bas, personnel et passager a été écarté, et que seuls les principes humains et éternels demeurent. C'est l'état de conscience divinement exalté ; c'est le sanctuaire du Très-Haut. Lorsque, à force de lutte et de discipline, vous aurez réussi à franchir la porte de ce sanctuaire, vous percevrez avec une grande clarté la fin et le fruit de toutes les pensées et efforts humains, tant pour le bien que pour le mal. Alors votre foi ne vacillera plus quand vous verrez l'homme immoral amasser des trésors, car vous saurez qu'il doit encore retomber dans la pauvreté et la bassesse. L'homme riche, qui est dépourvu de vertu, est vraiment pauvre, et aussi sûrement que les eaux du fleuve coulent vers l'océan, aussi sûrement qu'il sombre au milieu de toutes ses richesses dans la pauvreté et la misère ; et bien qu'il meure riche, il doit pourtant revenir pour récolter le fruit amer de toute son immoralité. Et bien qu'il soit devenu riche plusieurs fois, il doit pourtant retomber autant de fois dans la pauvreté, jusqu'à ce qu'après une longue expérience et des souffrances, il parvienne à surmonter son besoin intérieur. Mais l'homme qui est extérieurement pauvre, mais riche en vertu, est vraiment riche, et au milieu de toute sa pauvreté, il va dans le chemin de la prospérité, où à la fin une joie et une béatitude abondantes seront sa part.

Si vous voulez vraiment devenir heureux en permanence, vous devez d'abord devenir vertueux. Il est donc insensé de rechercher à la fois la prospérité, d'en faire le seul but de la vie, et de tendre la main vers elle. En faisant cela, vous vous préparez à une défaite certaine. Essayer plutôt à la perfection de soi, faites du service utile et désintéressé votre objectif principal dans la vie, et tendez toujours avec respect la main de la foi vers la source suprême et immuable du bien. Tu dis que tu ne désires pas les richesses pour toi seul, pour en faire du bien et pour faire du bien aux autres.

Si tel est votre véritable motif, la richesse sera certainement à vous ; car tu dois être fort et désintéressé, si au milieu des richesses tu peux te considérer comme un intendant et non comme un propriétaire. Mais considérez vos motivations, car dans le plus grand nombre de cas où l'argent a été demandé au profit d'autrui, le motif caché a été le désir de popularité et le désir d'être connu comme philanthrope ou réformateur. Si vous ne vous débrouillez pas bien avec le peu que vous avez, vous pouvez être sûr que plus vous aviez d'argent, plus vous deviendriez égoïste, et tout le bien que vous sembleriez faire de votre argent, si vous en aviez encore. effort, ne conduirait qu'à l'auto-exaltation pour vous. Si c'est vraiment votre désir de faire le bien, vous n'avez pas besoin d'attendre la possession d'argent, vous pouvez le faire maintenant, où que vous soyez. Si vous êtes vraiment aussi altruiste que vous le pensez, vous le montrerez en vous sacrifiant maintenant pour les autres. Aussi pauvre que vous soyez, il y a encore des possibilités de sacrifice de soi ; la veuve n'a-t-elle pas jeté son dernier sou dans le trésor. Le cœur qui veut vraiment faire le bien n'attend pas d'argent pour le faire, mais vient à l'autel du sacrifice, et y laissant les éléments indignes de l'égoïsme, il va vers son voisin et étranger, ami et ennemi, tous pareillement savourés. le fruit de la bénédiction obtenue.

Comme l'effet dépend de la cause, la prospérité et la force sont liées au bien, et la pauvreté et la faiblesse au mal intérieur.

L'argent n'a pas d'importance la richesse réelle, ni le patrimoine ni la richesse, et quiconque construit dessus et sur rien d'autre est sur une bonne voie.

Votre vraie richesse consiste dans vos vertus acquises, et votre vraie force réside dans l'usage que vous en faites. Menez votre cœur dans la bonne voie et votre vie y restera d'elle-même. Sensualité, haine, colère, vanité, orgueil, la convoitise, la paresse, l'égoïsme, l'obstination, tout cela est pauvreté et faiblesse ; tandis que l'amour, la pureté, la douceur, l'humilité, la patience, la compassion, la générosité et le renoncement à soi constituent la richesse et le pouvoir.

Lorsque les éléments d'impuissance et de faiblesse sont vaincus, une puissance irrésistible et conquérante se manifeste, et celui qui réussit à se modeler sur les vertus les plus élevées met le monde entier debout.

Mais chez les riches, comme chez les pauvres, des conditions indésirables existent, et ils sont souvent plus éloignés du bonheur que les pauvres. De là, nous voyons que le bonheur ne dépend pas du soutien extérieur ou des possessions matérielles, mais de la condition de la vie intérieure. Peut-être êtes-vous un patron et avez-vous des problèmes sans fin avec vos subordonnés, et une fois que vous aurez de bons et fidèles serviteurs, ils vous quitteront bientôt à nouveau. Le résultat est que vous allez perdre ou avez déjà perdu votre foi en la nature humaine. Vous essayez d'améliorer les choses en donnant des salaires plus élevés ou en autorisant certaines libertés, mais la situation reste la même. Écoutez mes bons conseils. Le secret de tous vos ennuis ne réside pas chez vos subordonnés, il réside en vous-même ; et si vous vous examinez avec l'esprit humble et droit pour découvrir et extirper votre erreur, vous découvrirez tôt ou tard l'origine de tous vos malheurs. Il peut s'agir d'un désir égoïste, ou d'une méfiance secrète, ou d'un état d'esprit méchant, qui déverse son poison sur tout ce qui vous entoure et sur vous-même, même si vous ne devriez pas le laisser voir dans vos paroles ou votre conduite. Pensez à vos subordonnés avec bienveillance, veillez à leur bonheur et à leur aisance, et n'exigez jamais d'eux autant de travail que vous n'en feriez vous-même si vous étiez à leur place. L'humilité d'esprit par laquelle un serviteur s'oublie tout à fait au service de son maître est rare et belle, mais bien plus belle et rare, voire divinement exaltée est cette noblesse d'âme par laquelle un homme, perdant de vue son propre bonheur, ne garde que son regard fixé sur le bonheur de ceux qui sont sous ses ordres et qui dépendent de lui pour leur pain.

Le bonheur d'un tel homme est décuplé, et il n'a jamais besoin de se plaindre de ses subordonnés. Un grand employeur bien connu, qui n'a jamais eu à licencier un ouvrier, a déclaré : « J'ai toujours été en bons termes avec tous mes ouvriers. Si vous me demandez la raison, je peux seulement dire que j'ai essayé de les traiter comme j'aimerais moi-même être traité." C'est là que réside le secret par lequel toutes les conditions souhaitables sont amenées à l'existence et l'indésirable est éliminé du chemin. Diriez-vous que vous vous sentez seul et mal aimé et que vous n'avez "pas un seul ami au monde ?" Alors je te prie pour ton propre bonheur que tu n'en cherches la cause qu'en toi-même. Soyez pur et aimable et tous vous aimeront. Quelles que soient les circonstances qui compliquent votre vie, vous pouvez les traverser et les dépasser en cultivant en vous le pouvoir du renoncement et de la conquête de soi. Est-ce la pauvreté qui vous aigrit (et rappelez-vous que la pauvreté sur laquelle j'ai insisté est celle qui est source de misère, et non cette pauvreté choisie par soi-même qui est la gloire des âmes qui s'abandonnent), ou la richesse, qui vous accable, ou les nombreux malheurs, chagrins et désagréments, qui forment le fond sombre du tissu de la vie, vous pouvez tous les surmonter en enlevant les éléments égoïstes qui leur donnent la force vitale.

Peu importe que, selon la juste loi, il y ait des pensées et des actions antérieures qui n'ont pas encore produit d'effets et qui doivent encore être réconciliées, puisque, selon la même loi, nous initions de nouvelles pensées et actions à chaque instant de notre vie, et nous pouvons faire eux bons ou mauvais. Il ne s'ensuit pas non plus que si un homme (récoltant ce qu'il a semé) doit perdre son argent ou sa position, il doit aussi perdre son esprit ou sa sincérité, et c'est précisément ce qui constitue sa puissance, sa richesse et son bonheur.

Celui qui s'appuie sur lui-même est son propre ennemi et entouré d'ennemis. Celui qui s'abandonne est son propre sauveur et entouré de ses amis comme d'une ceinture protectrice. Pour la clarté divine d'un cœur pur, toutes les ténèbres s'évanouissent et tous les nuages sont balayés, et celui qui s'est conquis est le maître de tout l'univers.

Alors sors de ta pauvreté et de ton impuissance, sors de ta douleur, de tes chagrins, de tes plaintes et de ta solitude en abandonnant ton égoïsme. Laissez la vieille robe déchirée de votre égoïsme tomber des membres et revêtez-vous de la nouvelle robe de la charité universelle. Alors vous goûterez la paix intérieure du ciel, et elle se manifestera dans toute votre vie extérieure.

Celui qui pose ses pas sur le chemin de la conquête de soi, qui maintient par la verge de la foi la voie du sacrifice de soi, atteindra sûrement la plus grande prospérité et récoltera les fruits abondants de la joie et de la béatitude durables.

Pour ceux qui recherchent le plus grand bien,

Toutes choses répondent aux fins les plus sages,

Rien ne vient comme destruction seule, et la sagesse donne

Des ailes à toutes les formes de couvée maléfique.

La douleur noire cache une étoile,

Qui n'attend que de briller d'un éclat glorieux

L'enfer est la page du ciel, et après la nuit,

La lueur dorée émerge de loin.

Les défaites sont des escaliers par lesquels nous grimpons

D'une fin plus pure à une fin plus noble,

De la perte vient le gain et la joie accompagne,

Les marches de la vérité sur les montagnes du temps.

Le chagrin mène aux chemins du plus grand bonheur,

Aux paroles, pensées et actions divines,

Nuages sombres et rayons lumineux,

Ombre et éclat sur le chemin de la vie.

Le malheur assombrit le chemin,

Dont la fin et le départ sont au paradis

Et un succès sans fin, haut et élevé

Attendez-nous pour nous chercher et nous obtenir.

Le lourd linceul du doute et de la peur,

Les nuages de la vallée de nos espérances,

Les ténèbres avec lesquelles l'esprit se débat,

L'amère moisson des larmes.

Le chagrin d'amour, la misère le chagrin, et Les blessures des pneus déchirés,

Ce sont tous les escaliers le long desquels nous montons

À la voie vivante de la foi ferme.

L'amour compatissant et vigilant se précipite à la rencontre,

Le pèlerin du pays du destin,

Gloire et gloire attendent,

A la venue des pieds de l'obéissance.

4.

Le pouvoir secret des pensées : contrôler et diriger la puissance de l'homme

  Les puissances les plus puissantes de l'univers sont les forces cachées ; et selon l'intensité de son pouvoir, un pouvoir devient bienfaisant lorsqu'il est bien employé, et destructeur lorsqu'il est mal dirigé. C'est une vérité bien connue concernant la mécanique, par ex. des forces telles que la vapeur, l'électricité, etc., mais peu ont encore appris à appliquer cette connaissance au domaine de l'esprit, où le pouvoir de la pensée (qui a la plus grande influence) est constamment éveillé et envoyé comme un courant de bonheur ou destruction.

  Dans cette période de son évolution, l'homme est entré en possession de ce pouvoir, et toute la direction de son progrès actuel consiste dans sa complète soumission.

Toute la sagesse dont dispose l'homme sur cette terre matérielle ne consiste qu'en une parfaite maîtrise de soi, et le commandement "Aimez vos ennemis" se dissout dans une exhortation à entrer maintenant et pour toujours en possession de cette sagesse sublime, par la maîtrise de ces esprits auxquels l'homme est maintenant soumis et par lesquels il est jeté impuissant, comme de la paille sur l'océan, sur le fleuve de l'égoïsme.

Les prophètes de l'Ancien Testament, avec leur pleine connaissance du pouvoir suprême, attribuaient toujours les événements extérieurs aux pensées intérieures, et liaient les calamités ou les succès nationaux aux pensées et aux désirs qui dominaient le peuple à cette époque. La connaissance du pouvoir causal des pensées est la base de toutes leurs prophéties, comme c'est la base de toute sagesse et de tout pouvoir véritables. Les événements nationaux ne sont que l'effet du pouvoir psychique de la nation. Les guerres, la peste et la famine sont la rencontre ou la répulsion des pensées erronées, les points d'arrivée où la destruction entre en tant que vengeur de la loi. C'est une folie d'attribuer une guerre à un seul homme ou à un parti. C'est un acte suprême d'égoïsme national.

Le pouvoir caché et conquérant de la pensée rend toutes choses manifestes. L'univers est né d'une pensée. La poussière décomposée en particules extrêmement fines s'est avérée n'être rien d'autre qu'une poussière objective. Tous les dons et tous les talents de l'homme ont d'abord été élaborés dans la pensée, puis rendus objectifs. L'écrivain, le découvreur, le maître bâtisseur, médite d'abord son œuvre en silence, et lorsqu'il l'a réfléchie dans toutes ses parties et l'a formée en un tout complet et harmonieux dans sa sphère de pensées, il commence à la matérialiser et à abaisser à la sphère matérielle ou tangible.

Lorsque le pouvoir de la pensée est dirigé en harmonie avec la loi qui régit tout, il est édifiant et préservant, mais lorsqu'il prend une mauvaise direction, il est destructeur et destructeur.

Fixer toutes vos pensées sur une croyance complète et ferme en l'omniprésence et la suprématie du bien, c'est coopérer avec ce bien et réaliser en vous-même la solution et la destruction de tout mal. Crois et tu vivras. Ici, nous avons le vrai sens du salut; le salut des ténèbres et la négation du mal en entrant dans le bien éternel et en réalisant sa réalité. Là où il y a de la peur, des murmures, de la peur, du doute, des ennuis, du chagrin ou de la déception, il y a aussi de l'ignorance et du manque de foi. Tous ces états d'esprit sont le résultat direct de l'égoïsme et sont basés sur une croyance concomitante dans le pouvoir et la suprématie du mal ; donc ils sont en fait de l'athéisme ; et le seul véritable athéisme consiste à vivre et à être soumis à ces conditions négatives et destructrices pour l'âme.

Le salut de telles conditions est une nécessité pour cette génération, et ne laissez aucun homme se vanter de la liberté alors qu'il est leur esclave impuissant et obéissant. C'est un péché de craindre et de s'inquiéter que de proférer des malédictions, car comment un homme peut-il craindre ou s'inquiéter s'il croit avec ferveur à la justice éternelle, au bien omniprésent ou à l'amour sans limites ? La peur, l'inquiétude, le doute, le déni sont de l'incrédulité.

De tels états d'esprit procèdent de toute faiblesse et de toute détérioration, car ils représentent la destruction et le démembrement des pensées positives comme des forces qui, autrement, pourraient se précipiter avec force vers leur objet et donner leurs fruits bienfaisants.

Surmonter ces conditions négatives, c'est entrer dans une vie de force, cesser d'être un esclave et devenir un maître, mais il n'y a qu'un seul moyen de les surmonter et c'est par une croissance continue et persistante de la connaissance intérieure. . Éviter le mal avec l'esprit ne suffit pas ; il faut s'élever au-dessus par la pratique quotidienne et il faut le comprendre. Admirer le bien intérieurement ne suffit pas non plus ; il faut, par des efforts persévérants, s'y habituer, et il faut bien le comprendre.

La pratique intellectuelle de la maîtrise de soi conduit bientôt à une connaissance de sa force intérieure, et plus tard à l'acquisition de cette puissance, grâce à laquelle elle est bien utilisée et dirigée. En conquérant vous-même et conquérant votre esprit, au lieu d'être conquis par lui, dans la même mesure vous maîtriserez toutes les questions et circonstances extérieures.

Montrez-moi l'homme entre les mains duquel tout s'effondre, qui ne tient même pas le succès quand il est remis entre ses mains, et je vous montrerai un homme qui vit constamment dans cet état d'esprit qui s'oppose à l'acquisition du pouvoir. Si quelqu'un est toujours ébranlé par le doute, toujours attiré par les sables mouvants de la peur, ou continuellement emporté ici et là par les vents de la peur, alors on est un esclave et on vit une vie d'esclave, même si le succès et l'influence frapperait toujours à votre porte et demanderait à entrer. Un tel homme, sans foi et sans maîtrise de soi, ne peut pas diriger ses propres affaires et est esclave des circonstances, en réalité esclave de lui-même. De tels hommes n'apprennent que par la douleur, et passent enfin de la faiblesse à la force par la leçon d'une expérience amère.

La foi et le but sont les forces motrices de la vie, rien n'est euh, qu'une foi forte et un objectif fixe ne pourraient pas atteindre. Par l'exercice quotidien de la foi silencieuse, le pouvoir de la pensée est concentré, et par le renforcement quotidien du dessein caché, ces pouvoirs sont dirigés vers l'objet à atteindre.

Quelle que soit votre position dans la vie, avant de pouvoir espérer atteindre le moindre succès ou atteindre une utilité ou un pouvoir, vous devez apprendre à concentrer vos pensées en cultivant le calme et la tranquillité. Peut-être êtes-vous un homme d'affaires et êtes-vous soudainement confronté à une difficulté ou à un désastre accablant qui risque de vous arriver. Vous devenez effrayé et agité et vous ne savez plus quoi faire. Il serait fatal de persister dans un tel état d'esprit, car quand on s'angoisse on ne peut pas juger sereinement. Essayez maintenant de prendre quelques heures tranquilles très tôt le matin ou tard le soir, puis allez dans un endroit solitaire ou dans une pièce tranquille ; puis asseyez-vous confortablement et essayez avec une volonté de jeûne de détourner votre esprit de l'objet de votre peur et de fixer vos pensées sur quelque chose dans votre vie qui vous plaît, et un repos calme et tranquille envahira progressivement votre âme et votre peur et votre anxiété disparaîtront. disparaître. Au moment où vous sentez votre âme retourner dans les sphères inférieures, relevez-la et ramenez-la dans la sphère de la paix et de la force. Lorsque cela est entièrement fait, vous pouvez mettre toute votre âme sur la solution de votre difficulté, et ce qui semblait complexe et insurmontable à l'heure de votre agonie brillera maintenant clairement et facilement, et vous verrez avec ce regard clair et ce jugement parfait cela n'appartient qu'à un esprit calme et tranquille dans quelle direction vous devez aller et quel objectif peut être le mieux atteint. Vous devrez peut-être pratiquer quelques jours avant de pouvoir calmer complètement votre esprit, mais si vous persévérez, vous réussirez. Et ce que tu as résolu en cette heure tranquille, tu dois le réaliser. Lorsque vous serez à nouveau absorbé par les affaires de la journée et que les soucis s'insinueront et vous submergeront, vous commencerez sans doute à penser que votre décision est mauvaise ou insensée, mais ne tenez pas compte de ces insinuations. Laissez-vous guider entièrement et uniquement par ce que vous avez vu devant votre esprit dans un état de calme et non à travers les ténèbres de la peur. L'heure du calme est celle de l'illumination et du bon jugement. Par une telle discipline de l'esprit, les forces dispersées de la pensée sont réunies et, comme les rayons du projecteur, sont dirigées sur le problème à résoudre, avec pour résultat qu'il est tout à fait clair dans notre esprit.

Aucune difficulté, aussi grande soit-elle, ne disparaîtra pour une concentration tranquille et vigoureuse de la pensée, et aucun objet légitime ne peut être rapidement réalisé par l'utilisation et la direction judicieuses des forces de l'âme.

Ce n'est que lorsque vous avez pénétré profondément et avec curiosité dans votre être intérieur et que vous avez vaincu de nombreux ennemis qui s'y cachent, que vous pouvez avoir un concept même approximatif du pouvoir subtil de la pensée de sa relation inséparable aux choses extérieures et matérielles qui lui sont propres. lorsqu'il est correctement équilibré ou dirigé vers le réajustement ou la distorsion des conditions de vie.

Chaque pensée que vous hébergez est une puissance qui est émise et, selon sa nature et son intensité, elle se réfugiera dans des esprits qui l'accueilleront et elle agira sur vous en bien ou en mal. Il y a une relation incessante entre les esprits et un échange constant de force de pensée. Les pensées égoïstes et perturbatrices sont autant de forces mauvaises et destructrices, messagères du mal, envoyées pour attiser et attiser le mal dans l'esprit des autres, qui à leur tour vous les renvoient avec une puissance accrue. Alors que, d'autre part, les pensées calmes, pures et désintéressées sont autant de messagers célestes envoyés dans le monde avec la santé, la guérison et la bénédiction sur leurs ailes, s'opposant aux puissances maléfiques ; versant l'huile de la joie sur les eaux troubles de l'angoisse et de la douleur, et rendant aux cœurs brisés leur héritage d'immortalité. Laissez les bonnes pensées habiter en vous, et elles se transmuteront rapidement dans votre vie quotidienne sous la forme de conditions bénies. Contrôlez les pouvoirs de votre âme, alors vous pourrez contrôler votre vie extérieure façonner selon sa propre volonté. La différence entre un guérisseur et un pécheur est que le premier contrôle complètement les forces en lui, et l'autre, au contraire, est dominé par ces forces.

Il n'y a pas d'autre voie vers la vraie force et la paix durable que par la maîtrise de soi, l'autonomie gouvernementale et l'auto-purification. Dépendre de ses caprices, c'est être impuissant et malheureux, être de peu d'utilité dans le monde. Surmonter vos désirs et désirs mesquins, d'aversion et de réticence, ceux de vos attaques de colère, de confiance et de jalousie, et de tous les changements d'esprit auxquels vous êtes plus ou moins sujet, telle est la tâche qui vous attend, si vous le voulez bien. tisse les fils d'or du bonheur à travers ton fil de vie, et dans la mesure où tu es dans une soumission servile au changement d'humeur, tu dépendras des autres et de l'aide extérieure, tout au long de ta vie. Si vous voulez accomplir quelque chose en jeûnant, vous devez apprendre à vous élever au-dessus de toutes ces influences perturbatrices et retardatrices et essayer de les contrôler. Vous devez chaque jour prendre l'habitude de calmer votre esprit, "d'entrer dans le silence", comme on dit communément. C'est une façon de remplacer les pensées de malaise et de faiblesse par des pensées de paix et de force ; jusqu'à ce que vous y parveniez, vous ne pouvez pas espérer diriger le pouvoir de votre âme sur les problèmes et les difficultés de la vie avec l'espoir d'un bon résultat. C'est le moyen de rassembler ses forces dispersées dans un grand canal puissant. Comme un marécage inutile peut être transformé en un champ d'épis dorés, ou en un jardin fertile par des égouts, et en réunissant les cours d'eau épars et nuisibles en un canal bien creusé, ainsi celui qui parvient à obtenir le calme et à s'arrêter la pensée qui court sauve, soumet et dirige en lui-même sa propre âme et rend son cœur et sa vie fructueux.

Au fur et à mesure que vous réussirez à contrôler vos impressions et vos pensées, vous commencerez à sentir qu'un pouvoir nouveau et tacite monte en vous, et un sentiment établi de calme et de force restera avec vous. Vos pouvoirs cachés commenceront à se dévoiler et tandis qu'autrefois vos efforts étaient faibles et infructueux, vous pourrez maintenant travailler avec cette calme confiance qui assure votre succès. Et avec ce nouveau pouvoir, s'éveillera en vous cette illumination intérieure connue sous le nom d'intuition, et vous ne vivrez plus dans l'agitation et l'incertitude, mais dans la lumière et la force. Avec le développement de cette vision de l'âme, le bon jugement et la perspicacité seront accrus de manière incommensurable, et se développera en vous cette vision prophétique grâce à laquelle il vous sera possible de prévoir les conditions à venir et de prédire avec une précision étonnante ce que ce sera. . résultat de vos efforts. Et dans la même mesure où vous changez intérieurement, votre vision de la vie changera également, et si vous changez votre attitude envers les autres, ils changeront également leur attitude et leur comportement envers vous. Au fur et à mesure que vous vous élèverez au-dessus des forces inférieures, affaiblissantes et destructrices de la pensée, vous entrerez en contact avec les courants positifs, fortifiants et constructifs générés par des esprits forts, purs et nobles, votre bonheur sera infiniment accru et vous commencerez le la joie, la force et de réaliser la force qui ne vient que de la maîtrise de soi. Cette joie, ce pouvoir et cette force rayonneront de vous sans cesse, et sans aucun effort de votre part, oui, bien que vous n'en soyez pas conscients, les âmes fortes se sentiront attirées vers vous, vous gagnerez beaucoup d'influence, et selon votre changement gardez à l'esprit que les événements extérieurs prennent forme pour vous. « Les ennemis d'un homme sont ceux de sa propre maison », et celui qui veut être utile, fort et heureux doit cesser d'absorber des courants de pensées passifs, négatifs, sans valeur et impurs ; Comme un gardien sage ordonne à ses serviteurs et invite ses invités, il doit aussi apprendre à contrôler ses désirs et décider quelles pensées laisser entrer dans le temple de son esprit. Même un succès partiel dans la maîtrise de soi apporte beaucoup de force, et celui qui réussit à créer cette condition exaltée entre en possession d'une sagesse, d'une force intérieure et d'une paix inimaginables et se rend compte que toutes les forces de l'univers pour fixer et protéger les pas de celui qui contrôle parfaitement son âme.

Monterez-vous au plus haut des cieux,

Ou descendre dans les profondeurs les plus profondes de l'enfer, -

Vivez dans des rêves de beauté sublime,

Ou considérez ce qui est bas, pécheur et mauvais.

Car tes pensées sont ces cieux les plus élevés;
Et ils sont aussi le plus profond de l'enfer ;

Le bonheur n'existe que dans la pensée,

Il en est de même du tourment et de la douleur.

Les mondes ne disparaissent que par les pensées ;

La gloire n'est que dans le rêve ;

Et le drame de tous les âges,

Coule des pensées de l'Éternel.

Dignité, honte et chagrin,

Douleur et peur, amour et haine,

Ne sont que des formes du vivant,

Pensée puissante, dominant le destin.

Comme les couleurs de l'arc-en-ciel

Formez l'unique lumière blanche,

Donc du changement général,

Devenez le seul rêve éternel.

Et le rêve est toujours en toi,

Et le rêveur a longtemps attendu,

Que le matin le réveille,

Pour la pensée vivante du pouvoir.

Qui réalise l'idéal,

Fait disparaître le rêve de l'enfer,

Au plus haut et au plus saint des cieux,

Où habitent les purs et les bons.

La pensée seule fait le mal,

Le bien est aussi formé par la pensée ;

Lumière et ténèbres, péché et pureté,

Ne surgissent également que des pensées.

Demeurez en pensée sur le sublime,

Et tu verras le plus élevé;

Place ton esprit au plus haut,

Et le plus haut tu verras.

5.
Le secret de la santé, du succès et de la force

Nous nous souvenons tous avec quel plaisir nous, enfants, écoutions les contes de fées, les histoires, qui nous semblaient toujours nouvelles. Avec quel empressement nous suivions les fortunes alternées du bon garçon ou de la bonne fille, qui étaient toujours protégés à l'heure du danger des plans diaboliques de la sorcière rusée, du géant cruel ou du roi méchant. Nos petits cœurs n'ont jamais tremblé devant le sort de notre héros ou de notre héroïne, nous n'avons jamais douté de leur triomphe ultime sur tous leurs ennemis, car nous savions que les fées étaient infaillibles et qu'elles n'abandonneraient jamais celles qui se consacraient au bien et à la vérité. . Comme nous avons tremblé d'une joie indicible alors que la sorcière, qui a fait sortir toute sa sorcellerie au moment critique, a enlevé toutes

les ténèbres et la confusion, et leur a accordé la réalisation complète de tous leurs espoirs, et s'ils étaient maintenant heureux pour toujours."
.

Avec les années croissantes et maintenant que nous connaissons la soi-disant réalité de la vie, notre beau monde magique a disparu de notre vue, ses merveilleux habitants ont été mis de côté dans les archives de notre mémoire à côté du vague et de l'irréel. Nous pensions avoir agi très sagement et vigoureusement en quittant pour de bon le pays des rêves d'enfance, mais lorsque nous redeviendrons de petits enfants dans le monde merveilleux de la sagesse, nous reviendrons aux rêves énergisants de l'enfance et constaterons qu'ils sont en réalité réalité. Les gobelins, si petits et presque toujours invisibles, mais possédant un pouvoir magique indomptable, qui conférait bonne santé, abondance et bonheur, avec tous les dons de la nature en abondance, se montrent à nouveau sous une forme réelle à nos yeux et deviennent immortels. le royaume de l'âme de celui qui, en grandissant dans la sagesse, est entré dans la connaissance du pouvoir de la pensée et des lois qui régissent le monde intérieur de l'existence. Pour lui, vivent les déesses magiquesà nouveau en tant que pensées, émissaires et forces éveillées par les pensées, coopérant en harmonie avec le bien qui règne en tout. Et ceux qui, jour après jour, s'efforcent de mettre leur cœur en harmonie avec le cœur du Bien Suprême, atteignent en réalité la santé, l'abondance et le bonheur inébranlables. Il n'y a pas de protection le moins du monde comparable à la bonté, et je n'entends pas par là une conformité extérieure aux lois de la morale ; Je veux dire des pensées pures, de nobles aspirations, un amour désintéressé et la liberté du vain honneur. Quand on est constamment dans de bonnes pensées, on s'enveloppe d'une atmosphère d'amour et de force, qui laisse sa marque sur tous ceux qui entrent en contact avec elle.

Comme le soleil levant dissipe les ombres sombres, toutes les forces impuissantes du mal sont mises en fuite par les rayons omniprésents de la pensée positive, rayonnant d'un cœur fort de pureté et de foi.

Là où une foi ferme est associée à l'honnêteté et à la pureté, il y a santé, succès et force. La maladie, le chagrin et la calamité ne peuvent habiter un tel esprit, car il n'y a rien dans lequel ils pourraient prendre pied.

Même les états physiques dépendent dans une large mesure de l'état de l'âme, et le monde de la science ouvre de plus en plus les yeux sur cette vérité.

La vieille croyance matérialiste selon laquelle un homme est ce que son corps fait de lui disparaît progressivement et est remplacée par l'idée que l'homme est au-dessus de son corps et que son corps est tel qu'il le fait par le pouvoir de la pensée. Aujourd'hui, les gens ne croient plus qu'un homme désespère parce qu'il a une mauvaise digestion, mais ils commencent à comprendre qu'il a une mauvaise digestion parce qu'il a des pensées de désespoir, et dans un futur proche le fait que toute maladie a son origine dans le état d'âme devenant de plus en plus la conviction de tous.

Il n'y a pas de mal dans l'univers qui n'ait son origine et sa racine dans l'esprit, et le péché, la maladie, le chagrin et le chagrin n'appartiennent pas vraiment à la règle générale, et ne sont pas dans la nature des choses, mais sont le résultat direct de notre ignorance de la vraie relation dans laquelle les choses se tiennent les unes aux autres. L'histoire raconte qu'il y avait autrefois en Inde une école de philosophes qui menaient une vie d'une pureté et d'une simplicité si absolues qu'ils atteignaient généralement l'âge de cinquante ans. Tomber malade était pour eux un crime impardonnable, car c'était considéré comme une transgression de la loi.

Plus tôt nous réalisons et reconnaissons que la maladie, loin d'être une visite arbitraire d'une divinité offensée, ou le procès d'une providence imprudente, est le résultat de notre propre erreur ou péché, plus tôt nous entrerons sur le chemin de la santé. La maladie vient à ceux qui encourent ce tourment, à ceux dont l'état d'esprit et de corps peut l'absorber, et elle fuit ceux dont la sphère de pensée forte, pure et positive engendre des courants de guérison et de vie.

Si vous vous laissez aller à la colère, à l'anxiété, à la jalousie ou à tout autre état d'esprit discordant, et que vous vous attendez ensuite à une bonne santé, vous souhaitez l'impossible, car vous semez continuellement les germes de la maladie dans votre esprit. De telles humeurs sont soigneusement évitées par le sage, car il sait qu'elles peuvent être plus dangereuses pour lui que. un mauvais égout ou une maison infectée.

Si vous voulez vous libérer de toute douleur physique et de tout chagrin et vivre en parfaite harmonie, veillez sur votre état d'esprit et harmonisez votre pensée.

Mettez de côté votre jalousie, votre méfiance, votre maussade, votre haine, votre indulgence grossière et égoïste, et vous mettrez également de côté votre indigestion, votre bile, votre nervosité et vos douleurs articulaires.

Si vous persistez à vous accrocher à cet état d'esprit énervant, ne vous plaignez pas lorsque votre corps est tourmenté par la maladie.

L'histoire suivante nous fait comprendre quelle relation étroite il y a entre l'état de l'âme et celui du corps : — Un homme était affligé d'une maladie douloureuse, il prit l'avis d'un médecin après les autres mais rien ne l'aidait. Puis il visita des villes réputées pour leurs eaux curatives, et après s'être baigné dans toutes, sa maladie fut plus douloureuse que jamais. Une nuit, il rêva qu'une silhouette lui apparut et lui dit : « Frère, as-tu essayé tous les moyens de guérison ? à quoi il a répondu: "Je les ai tous essayés." "Pas du tout," continua l'apparition, "Viens avec moi, et je te montrerai un bain de guérison qui t'a échappé." L'apparition l'a conduit à une piscine d'eau claire et a dit: "Plongez dans cette eau et vous serez sûrement guéri", sur quoi la silhouette a disparu. L'homme plongea dans l'eau, et quand il en sortit, voici, la maladie était passée de lui, et au même instant il vit écrit au-dessus de la piscine les mots : « Abandonne-toi ». Lorsqu'il s'éveilla, la pleine signification du rêve lui revint à l'esprit, et examinant sa conscience, il découvrit qu'il avait toujours été victime d'un péché dégradant, et il jura qu'il y renoncerait pour toujours. Il tint son vœu, et à partir de ce jour sa maladie commença à le quitter, et en peu de temps il fut de nouveau dans la pleine jouissance de sa santé. Beaucoup de gens se plaignent que leur force est insuffisante pour la charge de travail qui leur incombe. Dans la plupart des cas, leur force était insuffisante car ils utilisaient leur énergie bêtement.

Si vous voulez rester en bonne santé, vous devez apprendre à travailler tranquillement. Si vous devenez agité ou agité, ou si vous vous tourmentez pour des bagatelles inutiles, vous provoquez vous-même une panne de pouvoirs. Le travail, qu'il soit mental ou physique, est sain et bénéfique, et l'homme qui peut travailler tranquillement et calmement, ne pensant librement qu'au travail dans lequel il est engagé en ce moment, accomplira non seulement beaucoup plus que celui qui est toujours pressé. et agité, mais il gardera sa santé, un bien que l'autre doit bientôt perdre.

Bonne santé et succès vont toujours de pair, ils sont indissociables dans le domaine de la pensée. De même que l'harmonie de l'esprit atteint la santé physique, elle est un chaînon dans l'élaboration de nos plans.

Si vous réglez vos pensées, votre vie se déroule également de manière régulière. Versez l'huile de la tranquillité sur les eaux tumultueuses des passions et des préjugés, et il sera impossible que les tempêtes du malheur, même s'ils menacent de faire naufrage le navire de votre âme alors qu'il traverse les eaux de l'océan de la vie. Et si ce navire est gouverné par une foi joyeuse et persévérante, sa route sera doublement sûre, et il échappera aux périls qui autrement le menaceraient. Par la puissance de la foi, toute œuvre durable est accomplie. Croyez en l'Être Suprême; dans la loi primordiale, dans votre travail et dans le pouvoir de terminer ce travail - c'est le roc sur lequel vous devez bâtir, si vous voulez accomplir quelque chose, si vous voulez vous tenir debout et ne pas tomber. En toutes circonstances, suivre l'impulsion la plus élevée en vous; être toujours fidèle au principe divin en Toi; s'appuyer sur la lumière intérieure, la voix intérieure, et garder un œil sur votre objectif avec un cœur inébranlable et calme, convaincu que l'avenir vous récompensera pour chaque effort pour le bien ; convaincu que les lois du monde ne faillissent jamais, que ce que vous avez semé vous reviendra avec une certitude mathématique, c'est-à-dire la foi et vivre par la foi. Dans la puissance d'une telle foi, les eaux de l'incertitude sont séparées, chaque montagne de trouble tombe en poussière et l'âme émerge indemne de tout trouble. Efforcez-vous, lecteur, d'obtenir par-dessus tout cette perle de grand prix, cette foi intrépide, car c'est le talisman de tout bonheur, succès, paix et puissance, de tout ce qui magnifie la vie et l'élève au-dessus de la souffrance.. Bâtis sur une telle foi, et tu seras fondé sur le roc des âges. Faites usage des matériaux éternels, et l'édifice que vous érigerez ne pourra jamais tomber en ruine, car il surpassera toute l'accumulation des richesses matérielles et de l'opulence, qui à la fin ne sont sujettes qu'à la vérifiabilité. Soit donc que tu sois jeté dans les profondeurs de l'affliction ou élevé vers les hauteurs de la joie, tiens toujours fermement à cette foi, reviens toujours à elle comme au rocher de ton refuge, et tiens ferme tes pieds enracinés sur son piédestal immortel et inamovible.

Sur la base d'une telle croyance, vous atteindrez une telle croyance qu'en tant que jouet de verre, vous pouvez briser tous les pouvoirs maléfiques envoyés contre vous, et vous obtiendrez un résultat dont le chasseur de plaisirs mondains n'aurait jamais pu rêver. "Si tu avais la foi, et que tu ne doutais pas, non seulement tu ferais cela, mais si tu disais à cette montagne-là : Sois élevé et sois jeté dans la mer ; voici, cela arrivera."

Il y a des hommes à ce jour, des hommes et des femmes vivant dans la chair, qui ont cette foi, qui vivent en elle et la prennent aux conséquences les plus extrêmes, sont entrés dans la gloire et la paix qui y sont associées. Ceux-ci ont prononcé ces mots, et les montagnes de chagrin et de déception de la fatigue mentale et de la douleur physique leur ont été enlevées et jetées dans l'océan de l'oubli.

Si vous voulez avoir cette foi, vous n'avez pas à craindre pour votre avenir, pour votre adversité ou votre prospérité, le succès viendra sûrement. Vous n'avez pas à craindre le résultat, mais vous travaillerez dans la joie et la paix, sachant que de bonnes pensées et des efforts pour le bien produiront certainement de bons résultats.

Je connais une dame qui a eu beaucoup de bénédictions, et récemment quelqu'un lui a dit : « Comme tu es heureuse ! Vous n'avez qu'à souhaiter quelque chose, et puis vous l'avez." Donc, cela semblait superficiellement être; mais en réalité toute la bénédiction qui a rempli la vie de cette femme est le résultat direct de l'état intérieur de bonheur qu'elle a cultivé toute sa vie et qu'elle a maintenant perfectionné. Souhaiter seul ne nous apporte que déception, notre vie ne fait que le montrer. Le souhait et le murmure insensés; le sage travaille et attends. Cette femme avait travaillé, extérieurement et intérieurement, surtout dans son cœur et son âme, et avec les mains invisibles de l'esprit, elle avait construit avec les pierres précieuses de la foi, de l'espérance, de la joie, de la dévotion et de l'amour, un beau temple de lumière dont l'éclat glorieux brillait toujours autour d'elle. Cela brillait dans ses yeux; brillait de son visage, tremblait dans sa voix; et tous ceux qui sont en elle, la présente en ressentait l'enchantement.

Comme il en a été pour elle, qu'il en soit ainsi pour vous. Vous portez votre succès, votre calamité, votre influence, toute votre vie avec vous, car votre pensée prédominante est le facteur décisif de votre destin. Envoyez des pensées aimantes, pures et heureuses et la bénédiction sera votre part, votre table sera recouverte du drap de la paix. Envoyez des pensées haineuses, impures et désagréables, et des malédictions seront déversées sur vous, la peur et l'anxiété perturberont votre sommeil. Vous êtes vous-même le créateur inconditionnel de votre destin, quel qu'il soit. À chaque instant, vous émettez l'influence de votre part qui rendra votre vie heureuse ou la gâchera. Que votre cœur soit large, aimant et désintéressé, votre influence et votre succès seront grands et constants, même si vous gagnez peu d'argent. Limitez-le aux limites étroites de vos propres intérêts, et même si vous devenez millionnaire, votre influence et votre succès finiront par s'avérer totalement insignifiants.

Cultivez alors cet état d'esprit pur et désintéressé, le culte de la pureté et de la foi, l'unité de but, et vous plantez en vous les éléments non seulement d'une santé durable et d'un succès continu, mais aussi de grandeur et de puissance. Si votre état actuel vous déplaît et que votre cœur n'est pas dans votre travail, faites cependant votre devoir avec un zèle scrupuleux, laissant votre âme s'attarder à la pensée qu'une meilleure position et une plus grande opportunité vous attendent ; gardez toujours à l'esprit les possibilités à venir, de sorte que lorsque le moment prévu viendra et que la nouvelle voie s'ouvrira devant vous, vous puissiez la prendre, l'esprit prêt pour l'entreprise, et vous puissiez agir avec cet intellect et cette prudence nés de la discipline de l'esprit.

Quelle que soit votre tâche, concentrez-y tout votre esprit, faites-le avec toute l'énergie dont vous êtes capable. Accomplir avec précision un petit travail nous amène inévitablement à une vaste tâche. Prenez soin de vous élever régulièrement en montant, et vous ne tomberez jamais.

C'est là que réside le secret de tout vrai pouvoir. continue d'apprendre habitude constante de bien gérer ses affaires, et de concentrer à chaque instant sa pensée sur un point donné. Les imbéciles gaspillent toute leur énergie mentale et mentale dans des futilités, des propos insensés ou des arguments égoïstes, sans parler des extravagances physiques inutiles.

Si vous voulez acquérir une grande force, vous devez cultiver l'équilibre et la passivité. Vous devez être capable de vous tenir seul. Tout pouvoir va de pair avec l'immobilité. La montagne, le roc solide, le chêne balayé par les tempêtes, qui nous parlent tous de puissance à cause de leur grandeur solitaire et de leur fermeté qui défie tout ; tandis que le sable à la dérive, la branche flexible et le roseau mouvant nous parlent de faiblesse, parce qu'ils sont mobiles, et ne résistent pas, et flottent sans but lorsqu'ils sont détachés de leurs associés. L'homme qui a de l'esprit est celui qui, quand tous ses semblables sont emportés par la passion ou l'émotion, reste calme et immobile. Cet homme n'est apte à commander et à gouverner que celui qui réussit à se contrôler.

Que les hystériques, les timides et les irréfléchis cherchent la compagnie les uns des autres, sinon ils tomberont faute de soutien ; mais les calmes, les intrépides, les réfléchis et les sérieux, qu'ils recherchent la solitude des bois, du désert et des cimes des montagnes ; ils avanceront de force en force, retenant avec plus ou moins de succès les courants et tourbillons psychiques qui engloutissent l'humanité. La passion n'est pas le pouvoir; c'est un abus de pouvoir et un gaspillage de celui-ci. La passion est comme une tempête qui fait rage, frappant violemment et sauvagement contre la paroi rocheuse, tandis que la force est comme le rocher, qui reste silencieux et immobile au milieu de tous les dangers. C'était une manifestation de la vraie puissance lorsque Martin Luther, las de la persuasion de ses amis timides, qui craignaient pour sa sécurité s'il devait aller à Worms, s'exclama : « Bien qu'il y ait autant de démons à Worms que de tuiles sur les toits, alors J'irais quand même là-bas. Même lorsque Benjamin Disraeli a échoué dans son premier discours au Parlement et a ridiculisé tous les députés, c'était une manifestation de pouvoir caché lorsqu'il s'est exclamé : «un jour il viendra que vous considérerez comme un honneur de m'écouter.

 Lorsque ce jeune homme que je connaissais personnellement, assailli d'adversité et de malheur continuels, fut raillé par ses amis et conseillé de renoncer à de nouveaux efforts, et il répondit : « Le temps n'est pas loin où vous vous émerveillerez de mon bonheur et de mon succès, " il a montré qu'il possédait ce pouvoir irrésistible qui l'a aidé à traverser d'innombrables difficultés et a couronné sa vie de succès

Si vous n'avez pas ce pouvoir, vous pouvez l'obtenir par la pratique, et le commencement du pouvoir est aussi le commencement de la sagesse. Vous devez commencer par vous débarrasser de ces bagatelles inutiles dont vous avez été jusqu'ici la victime volontaire. Rires bruyants et exaltés, calomnies et frivolités, et plaisanteries occasionnelles uniquement pour faire rire les autres, toutes ces choses doivent être mises de côté comme autant de perte d'énergie précieuse. Paul n'a jamais montré plus clairement sa profonde compréhension de la loi cachée de l'esprit humain que lorsqu'il a réprimandé les Éphésiens par ces mots : « Le mauvais discours corrompt les bonnes mœurs », car s'engager perpétuellement dans de telles pratiques détruit tout pouvoir spirituel en vie. Si tu es invulnérable à de telles errances de l'esprit, tu commenceras à comprendre ce qu'est le vrai pouvoir, et alors tu lutteras contre les désirs puissants et les désirs qui asservissent ton âme et ferment la voie au pouvoir ; alors vos progrès ultérieurs seront sûrs et assurés. Surtout, n'ayez qu'un seul but, un but licite et utile, et consacrez-vous-y entièrement. Ne laissez rien vous détourner, rappelez-vous que « Un homme irrésolu est instable dans toutes ses voies. Soyez diligent dans l'apprentissage, lent à demander. Comprenez bien votre travail et laissez-le être votre propre travail; et au fur et à mesure que vous avancerez, suivant toujours la voix infaillible de votre Guide intérieur, vous avancerez de victoire en victoire et vous monterez d'escalier en escalier vers des lieux de repos plus élevés et votre vision toujours plus large vous montrera progressivement la beauté et la gloire du but de votre vie. Nettoyé, la santé sera votre part, sois protégé par la foi tu réussiras en toutes choses, par la maîtrise de soi tu atteindras le pouvoir, tout ce que tu feras tu prospéreras, car n'étant plus seul, esclave de toi-même tu seras en harmonie avec la loi divine, et ne plus s'opposer au Bien éternel, mais coopérer avec lui. Ce que vous gagnerez en santé sera votre possession permanente, le succès que vous gagnerez sera au-delà de toute puissance humaine et ne passera jamais ; quelle influence et quelle puissance tu as augmentera à travers tous les âges, car cela fera partie de ce principe immuable qui soutient l'univers.

Voilà donc le secret de la santé : un cœur pur et un esprit pur ; c'est le secret du succès : une foi inébranlable et un objectif bien ciblé ; avec une volonté de jeûner pour brider le coursier des mauvais désirs, voilà le secret du Pouvoir.

Toutes les routes me sont ouvertes,
  De lumière et de ténèbres, de vie et de mort,
  Le chemin large et étroit, le haut et le bas,

Le bon et le mauvais, et d'un pas rapide ou lent,
Puis-je aller comme je veux,
Et marcher pour voir ce qui est mal et ce qui est bien.
Toutes les bonnes choses m'attendent dans mes pérégrinations
Si je choisis seulement avec une foi inébranlable,
La voie étroite, haute et sainte,
De la pureté intérieure et demeurez ainsi
Sûr et préservé de celui qui tourmente et se moque,
Aux prairies fleuries, à travers les épines.
Je peux me tenir là où la santé, le succès et la force
Attends ma venue, si, à chaque heure qui passe,
Tenez-moi à l'amour et à la patience et restez,
Par l'impeccabilité et ne s'en écartant jamais,
Ni de l'honnêteté; alors je verrai

Enfin, le pays de l'immortalité.

Je peux chercher et trouver, je peux finir ;

Ne réclamez pas, mais regagnez en perdant.

La loi ne change pas pour moi, mais je

Doit se plier à la loi, si je veux arriver à la fin

De mes peines, si je veux rendre

Mon âme pour éclairer et vivre et se réjouir pour toujours. Je ne suis pas égoïste et présomptueux

Prétendre être bon pour moi-même ; mais essaie

Humble pour chercher et trouver pour savoir et comprendre

Et dirige mes pas vers le chemin de la sagesse.

Rien n'est à moi pour exiger ou commander

Mais tout est à moi pour comprendre.

6.

Le secret du bonheur complet

Aussi grand que soit le désir de bonheur, tout aussi grand est son absence. La plupart des pauvres désirent la richesse, ils pensent que leur possession leur apporterait un bonheur constant et complet. Beaucoup de riches, ayant satisfait tous les caprices et caprices, souffrent d'ennui et de satiété, et sont plus éloignés de la possession du bonheur que les pauvres eux-mêmes. En réfléchissant à cet état de choses, nous arriverons peu à peu à la conviction que notre bonheur ne dépend pas seulement des possessions extérieures, ni notre malheur de leur manque ; car s'il en était ainsi, les pauvres seraient toujours malheureux et les riches toujours heureux, tandis que c'est souvent l'inverse. J'ai connu des gens profondément malheureux et pourtant entourés de richesses, tandis que j'ai aussi rencontré des pauvres très heureux, bien qu'ils n'aient que le strict nécessaire pour vivre. Beaucoup de ceux qui ont accumulé des richesses ont avoué que les fins égoïstes qu'ils poursuivaient après leur acquisition leur ont ôté toute jouissance de la vie, et qu'ils n'ont jamais été aussi heureux que lorsqu'ils étaient pauvres.

Qu'est-ce donc que le bonheur et comment peut-il devenir notre part ? Est-ce une illusion, un phénomène aérien et la souffrance n'est-elle que permanente ?

Nous trouverons, après observation et réflexion sérieuses, que tous les hommes, sauf ceux qui marchent dans la voie de la sagesse, pensent que le bonheur ne peut être obtenu que par la satisfaction de leurs désirs.

Cette conviction, enracinée dans le sol de l'ignorance et constamment cultivée par des désirs égoïstes, est la cause de toute la misère du monde. Je ne limite pas le mot désir à la seule impulsion sensuelle ; il s'étend également au royaume supérieur de l'âme, où des désirs beaucoup plus puissants, plus subtils et plus subtils lient les inclinations intellectuelles et raffinées en nous, et nous privent de cette beauté, harmonie et pureté de l'âme, dont la manifestation extérieure est le bonheur.. La plupart des gens admettent que l'égoïsme est la cause de tous les malheurs dans le monde, mais... ils vivent dans la conviction destructrice de l'âme que c'est l'égoïsme de quelqu'un d'autre et non le leur. Si vous admettez que tout votre malheur est l'effet de votre propre égoïsme, vous ne serez pas loin des portes du paradis ; mais tant que vous penserez que l'égoïsme des autres vous prive de toute joie, vous serez enchaînés dans votre propre purgatoire.

Le bonheur est cet état intérieur de contentement complet, qui consiste en la paix et la joie, d'où naissent tous les désirs.

Le plaisir qui découle des désirs satisfaits est bref et apparent, et est suivi d'une demande urgente pour une plus grande satisfaction. Le désir est insatiable comme l'océan, et crie de plus en plus fort quand ses exigences sont satisfaites. Elle exige une dévotion constante de ses disciples jusqu'à ce qu'ils finissent par tomber dans l'angoisse physique ou psychique et soient jetés dans le feu purificateur de la souffrance. La convoitise est le parvis de l'enfer et tous les tourments y sont enracinés.

L'abandon des désirs est la porte du ciel, et un délice bienheureux y attend le pèlerin.

J'ai envoyé mon âme dans le monde invisible,

Jeter un coup d'œil sur cette vie future,

Bientôt mon âme me revint,

Dans un murmure : "Je suis moi-même ton paradis et ton enfer."

Le ciel et l'enfer sont des états intérieurs. Tombez dans l'égoïsme et dans la satisfaction de tous vos désirs, et alors vous sombrez en enfer ; élevez-vous au-dessus de vous-même jusqu'à cet état de conscience où vous vous oubliez et vous reniez et vous entrez au ciel. L'égoïsme aveugle, enlève notre jugement, nous prive de la connaissance de la vérité et conduit toujours à la souffrance et au désastre. La compréhension juste, le jugement juste et la connaissance de la vérité appartiennent tous à la condition divine, et ce n'est que dans la mesure où vous ressentez cette conscience divine en vous que vous pouvez savoir ce qu'est le vrai bonheur. Tant que tu persisteras à rechercher égoïstement ton propre bonheur, tant ce bonheur te fuira et tu ne feras que semer la graine de la misère. Ce n'est que dans la mesure où vous réussirez à vous perdre au service des autres que le bonheur viendra à vous et que vous récolterez la bénédiction.

En aimant, pas en recevant de l'amour, La paix descend dans le cœur;

Donner sans recevoir de cadeaux,

Guérit notre intelligence.

Ce que vous désirez ardemment ou dont vous avez un besoin urgent

Elle que ton cadeau,

Que le pain et l'eau de la vie soient pour vous et par vous,

D'autres nourrissent et lavent.

Accrochez-vous à vous-même et vous cherchez le chagrin ; abandonne-toi et tu trouveras la paix. La recherche égoïste ne fait pas que perdre le bonheur, mais même ce que nous considérons comme la source du bonheur. Voyez comment le glouton est constamment à la recherche d'une nouvelle friandise pour raviver son appétit terne, et comment comblé, bouché et à moitié malade, il ne mange presque plus rien avec plaisir. Tandis que celui qui contrôle son appétit, et ne désire pas de friandises ni ne cherche à plaire à son palais, mange avec goût le repas le plus simple. La béatitude que l'homme égoïste recherche dans le désir satisfait, a toujours été trouvée après n'avoir obtenu qu'une source de misère. En vérité : « Celui qui cherche sa vie la perdra, et celui qui perd sa vie la trouvera.

 Un bonheur durable viendra à vous lorsque vous cesserez de vous accrocher égoïstement à quoi que ce soit et que vous renoncerez à vos désirs. Lorsque vous abandonnerez inconditionnellement cette chose passagère qui vous est si chère, et qui pourtant vous sera un jour arrachée, peu importe combien vous vous y accrochez, vous constaterez que ce qui vous paraissait une perte douloureuse est un grand gain. Abandonner pour gagner, il n'y a pas de plus grande erreur et de source plus féconde de misère, mais abandonner pour perdre, c'est bien le Chemin de la Vie.

Comment pouvons-nous trouver le vrai bonheur en nous concentrant sur des choses qui doivent passer par leur nature même ? Le bonheur durable et vrai ne peut être trouvé qu'en s'accrochant à ce qui est permanent. Élevez-vous donc au-dessus de l'attachement ou du désir des choses impermanentes, et alors vous atteindrez une conscience de l'Éternel, et en vous élevant au-dessus de vous-même, vous vous immergez de plus en plus dans l'esprit de pureté, d'abnégation et d'universalité. amour de l'humanité, sentirez-vous ce bonheur, que non trompe et qui ne pourra jamais vous être enlevé.

Le cœur, s'oubliant complètement dans son amour pour les autres, a atteint non seulement le bonheur le plus élevé, mais aussi l'immortalité, car il a goûté au divin. Repensez à votre vie et vous constaterez que les moments de bonheur suprême que vous avez vécus ont été ceux où vous avez prononcé un mot de pitié ou accompli un acte d'amour désintéressé.

Spirituellement, bonheur et harmonie sont également synonymes. L'harmonie est une phase de la grande loi, dont l'expression spirituelle est l'amour. Tout égoïsme est une discorde, et être égoïste, c'est être en dehors de l'harmonie de l'ordre divin. Si nous comprenons cet amour total qui constitue l'abnégation, nous sommes en harmonie avec la musique divine, le chant universel, et cette mélodie glorieuse qui constitue le vrai bonheur résonne dans nos âmes.

Le peuple court çà et là, chassant aveuglément le bonheur sans le trouver ; ils n'y parviendront jamais non plus tant qu'ils n'auront pas reconnu que le bonheur les habite déjà et remplit tout l'univers qui les entoure, et qu'ils ne s'en excluent que dans leur quête égoïste.

"J'ai suivi la chance pour l'obtenir,

Sur de grands chênes et des vignes tronc de lierre.

Il a fui, je l'ai chassé, à travers pentes et vallées.

Au-dessus des champs et des prairies, jusqu'à la basse vallée ;

Rapidement passé à gué le ruisseau qui coule,

A escaladé des falaises vertigineuses, où l'aigle habite;

Peu importe à quelle vitesse j'ai traversé la mer et la terre,

Le bonheur a toujours échappé à ma main cupide.

Épuisé et impuissant je ne l'ai plus poursuivi,

Mais j'ai coulé pour me reposer sur un rivage aride.

L'un me demandait de la nourriture, l'autre de l'aumône ;

J'ai donné le pain et l'or aux mains émaciées.

L'un est venu pour la sympathie, l'autre pour la paix ;

J'ai partagé avec tout le monde tout ce que j'avais;

Puis soudain le beau Bonheur, sous une forme céleste,

Dans un doux murmure, je me suis tenu, "Je suis à toi."

  Les belles paroles de Burleigh expriment le secret de bonheur caché. Sacrifiez le personnel et le périssable, et vous vous élevez soudainement vers l'impersonnel et le permanent.

  Abandonnez l'égoïsme étroit qui subordonnerait toutes choses à vos propres intérêts mesquins, et alors vous entrez en compagnie des anges, dans le cœur et le noyau de l'amour humain universel. Oubliez-vous complètement dans les chagrins des autres et dans le soin des autres, et le bonheur divin vous libérera de tout chagrin et de toute souffrance. "J'ai pris une bonne pensée en premier, un bon mot en second et une bonne action en troisième, et ainsi je suis entré au Paradis. Ce n'est pas plus loin, c'est ici. Le bonheur n'est trouvé que par les altruistes et connu dans sa plénitude seulement, par les cœurs purs.

Si vous n'avez jamais goûté à cette plénitude de bonheur, vous pouvez commencer à en faire une réalité en tenant toujours devant vous le noble idéal de l'amour désintéressé et en le désirant ardemment. Ce désir et cette prière sont un désir qui s'étend vers les choses célestes. Alors l'âme s'accoutume à sa source sublime, où seule une satisfaction durable peut être trouvée. Par ce désir, les forces destructrices des désirs sont converties en énergie divine et conservatrice. Ce désir est une tentative de secouer les chaînes du désir, c'est comme le Fils prodigue de devenir sage à travers la solitude et la souffrance, et ainsi de retourner dans la maison du Père.

Si tu t'élèves au-dessus du vil égoïsme; si tu brises une à une les chaînes qui te lient, tu goûteras la joie de donner, par opposition à la misère de gratter ensemble - donner de tes biens, de ta compréhension, de l'amour et de la lumière qui est en toi Tu comprendras puis qu'en vérité il y a plus de bonheur à donner qu'à recevoir. Mais le don doit venir du cœur, non souillé par l'égoïsme, sans espoir de récompense. Le don de l'amour pur est toujours accompagné de bénédiction. Si, après avoir donné, vous vous sentez blessé parce que vous n'êtes ni remercié ni flatté, que votre nom n'est pas mis dans les journaux, sachez que votre don n'a été inspiré que par la vanité et non par l'amour, et que vous n'avez donné que pour obtenir quelque chose et donc tu n'étais pas vraiment doux, mais glouton.

Perdez-vous pour le bien des autres; oublie-toi dans tout ce que tu fais, c'est le secret du bonheur parfait. Gardez-vous toujours de l'égoïsme et apprenez fidèlement les nobles leçons du sacrifice de soi intérieur, alors vous gravirez les plus hauts sommets du bonheur et habiterez dans le soleil sans nuage de la joie non perturbée, vêtu des robes resplendissantes de l'immortalité.

Cherchez-vous le bonheur qui ne disparaît pas ?

Recherchez-vous une joie qui n'a pas d'arrière-goût amer ?

As-tu soif des eaux de la vie, de l'amour et de la paix ?

Puis à nouveau tous les désirs sombres et abandonnez l'égoïsme.

Vous trébuchez sur le chemin cahoteux de la douleur, du chagrin et de la souffrance ?

Marchez-vous d'une manière qui blesse vos pieds fatigués ?

Désirez-vous un lieu de repos, où les larmes et le chagrin ne sont plus ?

Alors sacrifiez votre cœur égoïste et demandez un nouveau cœur à Dieu.

sept.
Vers la prospérité

Il n'est donné qu'à un cœur débordant de droiture, de fidélité, de générosité et d'amour pour prospérer. L'esprit qui ne possède pas ces qualités ne connaît pas la prospérité, car celle-ci, comme le bonheur, n'est pas une possession extérieure, mais une possession intérieure. L'homme avide peut devenir millionnaire, mais reste insatisfait, bas et pauvre, et se trouve même pauvre dans le monde, tant qu'il y en a un plus riche que lui, tandis que l'homme sincère, doux et aimant de la prospérité complète, même si ses possessions mondaines n'étaient pas grandes.

L'insatisfait est pauvre, mais celui qui se contente de ce qu'il a est riche, et très riche, s'il est généreux de ce qu'il a. Lorsque nous considérons le fait que l'univers regorge de toutes les bonnes choses, tant matérielles que spirituelles, et que nous comparons cela avec le désir de l'homme de gagner quelques pièces de monnaie ou quelques paquets de boue, nous comprenons d'abord à quel point l'égoïsme est sombre et ignorant. comprendre que notre recherche est l'autodestruction.

La nature donne tout sans réserve et ne perd rien ; l'homme qui veut tout prendre perd tout.

Si vous souhaitez obtenir la véritable prospérité, ne pensez pas, comme beaucoup l'ont fait, que tout ira mal si vous faites ce qui est bien. Ne laissez pas le mot « compétition » ébranler votre foi dans la victoire finale de l'intégrité. Peu m'importe ce que les hommes peuvent dire des « lois de la concurrence », car ne connais-je pas la loi immuable qui les renverse toutes dans le cœur et la vie de l'homme juste ? Connaissant cette loi, je peux considérer toute malhonnêteté avec une tranquillité non perturbée, car je sais qu'une certaine destruction suivra.

En toutes circonstances faites ce que vous pensez être bon et faites confiance à la loi ; faites confiance au pouvoir divin qui habite l'univers, qui ne vous abandonnera jamais et vous protégera toujours.

Par une telle confiance, toutes vos pertes seront transformées en gain, et toute malédiction qui vous menace en bénédiction. Ne jamais partir la justice, ni la générosité, ni l'amour, car ceux-ci vous élèveront par l'énergie au véritable état de prospérité. Ne croyez pas le monde qui vous dit de toujours prendre soin de vous d'abord et ensuite des autres. Quand on fait cela, on ne pense jamais aux autres, seulement à soi-même. Pour ceux qui font cela, viendra un jour où ils seront abandonnés de tous, et quand ils crieront dans leur solitude et leur peur, il n'y aura personne pour les aider. Se signifier toujours soi-même en premier lieu, c'est contrecarrer toute affliction noble et élevée. Laissez votre âme s'épanouir, laissez votre cœur envelopper les autres d'une chaleur aimante et généreuse, grande et durable sera alors votre joie, et toute prospérité possible sera votre part.

Ceux qui se sont écartés du chemin de la justice doivent toujours se garder de la concurrence ; ceux qui agissent toujours bien n'ont pas à se soucier d'une telle défense. C'est une vérité absolue. Il y a des hommes aujourd'hui qui, par la droiture et la foi, ont défié toute concurrence, et qui, sans s'écarter le moins du monde de leurs méthodes, si d'autres les ont concurrencés, ont constamment augmenté en prospérité, tandis que ceux qui ont la chance d'essayer de saper les records ont dû battre en retraite. Si l'on possède ces qualités intérieures qui constituent la bonté, on est armé contre toutes les puissances mauvaises et doublement protégé dans les moments d'épreuve. S'édifier dans ces qualités, c'est obtenir un succès inébranlable, et participer à une prospérité qui est continuellement en notre possession.

La robe blanche de l'esprit invisible

Est taché de péché et de chagrin, de chagrin et de douleur,

Et toutes les piscines de repentance et les sources de prière

Ne suffisent pas à le laver à nouveau.

Alors que je marche sur les chemins de l'ignorance,

Est-ce que les taches d'erreur s'accrochent à moi ;

L'impureté ternit le chemin sinueux de l'égoïsme,

Là où la peur rôde et la déception perce.

La connaissance et la sagesse suffisent à elles seules

Pour nettoyer et laver mes robes, Car là est l'eau de l'amour ; Là réside

Paix imperturbable, éternelle et claire.

Le péché et la repentance sont le chemin de la douleur,

Connaissance et sagesse le chemin de la paix ;

Le long de la route proche de l'exercice, je trouve,

Où la bénédiction commence et où la douleur et le chagrin cessent.

L'égoïsme disparaît et la vérité apparaît ;

L'immuable et l'infini

Fera sa maison en moi,

Et nettoie à nouveau la robe blanche de mon cœur.

Deuxième partie:
Le chemin de la paix

1.
Le pouvoir de la méditation

La méditation spirituelle est le chemin qui mène à la divinité. C'est l'échelle mystique qui mène de la terre au ciel, de l'erreur à la vérité, de la douleur à la paix. Chaque saint l'a escaladé; tôt ou tard, tout pécheur doit s'en approcher, et tout pèlerin fatigué, qui tourne le dos à l'égoïsme et au monde et tourne résolument son visage vers la maison du Père, doit tôt ou tard mettre le pied sur ses barreaux d'or. Sans cette échelle, vous ne pouvez pas atteindre l'état divin de paix, ni la gloire et la joie impérissables qui vous y seront révélées.

La méditation consiste à s'attarder profondément dans la pensée d'une idée ou d'un sujet dans le but de le comprendre complètement, et ce à quoi vous pensez constamment, non seulement vous le comprendrez pleinement, mais vous lui ressemblerez de plus en plus, car il s'identifiera à vous. , et deviendra enfin tout votre être.

Donc, si vous pensez constamment à des sujets égoïstes et vils, vous deviendrez égoïste et vil ; si vous pensez sans cesse à ce qui est propre et désintéressé, vous deviendrez certainement pur et désintéressé.

Dites-moi ce à quoi vous pensez le plus et le plus fortement, où votre âme se tourne pendant vos heures tranquilles, et alors je vous dirai vers quel lieu de paix ou de douleur vous voyagez, et si vous grandissez à la ressemblance du divin ou de l'animal...

Il y a une tendance inévitable à devenir littéralement l'incarnation de cette qualité à laquelle on pense le plus. Que le sujet de votre méditation soit donc en haut et non en bas, de sorte que chaque fois que vous y revenez dans vos pensées, vous vous élevez ; que cette pensée soit pure sans principe égoïste ; alors votre cœur sera pur et se rapprochera de la vérité, non pollué et plus irrémédiablement englouti dans l'erreur. Méditation au sens spirituel, dans lequel j'utilise maintenant le mot est le secret de toute croissance dans la vie et la connaissance spirituelles. Chaque prophète, sage et sauveur est devenu ce qu'il était grâce au pouvoir de la méditation. Bouddha a réfléchi à la vérité jusqu'à ce qu'il puisse dire : « Je suis la Vérité. Notre Seigneur et Sauveur

Jésus-Christ a médité sur l'habitation du principe divin jusqu'à ce qu'il puisse dire : « Moi et le Père sommes Un.

 La méditation centrée sur la réalité sublime est le cœur et la nature de la prière. C'est l'étirement silencieux de l'âme vers l'Éternel. La supplication seule sans méditation est un corps sans âme, qui n'a pas le pouvoir d'élever la vie et le cœur au-dessus du péché et de l'affliction. Si vous priez quotidiennement pour la sagesse, la paix, la pureté et une compréhension plus complète de la vérité, alors ce pour quoi vous priez est encore loin de vous, vous priez pour quelque chose, alors que dans votre vie et vos actes, vous montrez autre chose. Si tu veux cesser une telle perversité, et détourner ton esprit des choses auxquelles tu t'attaches égoïstement, et qui t'empêchent de posséder les hautes vertus pour lesquelles tu pries ; si vous ne prierez plus Dieu pour ce que vous ne méritez pas, ou pour vous montrer cette compassion et cet amour que vous refusez aux autres, mais si, au contraire, vous commencerez à penser et à agir dans l'esprit de la vérité , alors vous grandirez chaque jour dans ces vertus, de sorte qu'enfin vous ne ferez plus qu'un avec elles.

Celui qui veut obtenir un avantage mondain doit travailler dur pour cela, et il serait en effet insensé de s'asseoir les mains jointes et de s'attendre à ce que quelque chose nous vienne si nous le demandions seulement. N'imaginez pas alors que vous pouvez participer au bien céleste sans effort. Ce n'est que si vous travaillez sérieusement dans le royaume de vérité qu'il vous sera permis de vous nourrir du pain de vie, et lorsque, grâce à un effort patient et constant, vous aurez gagné la récompense spirituelle que vous demandez, elle ne vous sera pas refusée.

Si vous cherchez vraiment la vérité et pas seulement votre propre satisfaction ; si vous les aimez par-dessus tout les plaisirs et les gains mondains, plutôt que le bonheur lui-même, vous ferez l'effort nécessaire pour les acquérir. Si tu veux être libéré du péché et du chagrin, et que tu participes à la pureté sans souillure, c'est pourquoi tu soupires et pries, si tu veux obtenir la sagesse et la connaissance, et entrer dans une paix profonde et durable, alors marche sur le chemin de la méditation et laisse faire le sujet principal de votre méditation soit la vérité.

Dès le départ, la méditation doit être distinguée du rêve. Il n'y a rien d'impraticable ou de rêveur à ce sujet. C'est une méthode de pensée profonde et approfondie, qui ne laisse que la vérité simple et nue. Si vous méditez ainsi, vous n'essaierez plus de vous raidir dans vos préjugés, mais en vous oubliant vous vous souviendrez seulement que vous cherchez la vérité. Et ainsi, une à une, tu enlèveras les erreurs que tu as accumulées autour de toi dans le passé, et tu attendras patiemment la révélation de la vérité qui te sera faite, quand tes erreurs auront été suffisamment effacées. Dans la douce humilité de votre cœur, vous vous rendrez compte que :

Il y a une profondeur profonde en chacun de nous,

Où la vérité est dévoilée; tout autour

La chair l'enferme comme un mur épais ;

Cette compréhension parfaite et claire de la vérité,

Être cerné par la mauvaise personne charnelle

Inclinations qui aveuglent la vérité et se transforment en erreur ;

Venir à la connaissance consiste plutôt à s'ouvrir

D'un chemin, à travers lequel rayonne l'éclat emprisonné,

Ou en laissant entrer une lumière,

Censé être là-bas.

Réservez une partie de la journée où vous pouvez vous consacrer à la méditation et gardez cette heure consacrée à votre objectif. Le meilleur moment est très tôt le matin, quand tout est encore au repos. Toutes les conditions vous seront alors favorables, les passions seront jugulées après le jeûne physique de la nuit, l'excitation et les angoisses de la veille se seront apaisées, et l'esprit, fort mais calme, sera enclin à recevoir des remontrances spirituelles. . . Un des premiers efforts que vous aurez à faire sera en effet de secouer la somnolence et la paresse, et si vous refusez vous ne pourrez faire aucun progrès, car les exigences de l'esprit sont impératif.

Lorsque notre esprit est éveillé, notre esprit et notre corps le sont aussi.

Le paresseux et le paresseux ne peuvent avoir aucune connaissance de la vérité. Celui qui, en possession d'une bonne santé et de force, donne les heures calmes et précieuses du petit matin encore au repos somnolent, est tout à fait incapable de s'élever sur les hauteurs des cieux.

Celui dont la conscience est éveillée à la possibilité glorieuse de la vertu qui existe devant lui, qui commence à secouer les ténèbres de l'ignorance dans lesquelles le monde est enveloppé, se lève avant que les étoiles ne se fanent et lutte contre les ténèbres qui hante son âme. s'efforce, poussé par un saint désir, de discerner la lumière de la vérité, tandis que le monde plongé dans le sommeil continue de rêver.

Les sommets gravis et atteints par les grands hommes,

N'ont pas été montés par un vol d'oiseau rapide,

Mais pendant que leurs compagnons dormaient,

Ils avançaient lentement et avec difficulté dans l'obscurité de la nuit.

Il n'y a pas eu de saint, pas d'homme bon, pas de maître de vérité, qui ne se soit levé de son lit au petit matin. Le Seigneur Jésus se levait généralement tôt et escaladait les montagnes solitaires pour se fortifier dans la sainte communion avec son Père. Bouddha se levait toujours une heure avant le lever du soleil et se livrait ensuite à la méditation, tandis que tous ses disciples étaient exhortés à faire de même.

Si vous devez commencer votre travail quotidien très tôt le matin et que vous ne pouvez donc pas consacrer les heures du matin à la méditation systématique, essayez d'y consacrer une heure le soir, ce qui vous serait également impossible à cause de la longueur et de la lourdeur des votre journée de travail, mais vous ne devez pas désespérer, car vous pouvez fixer vos pensées dans une méditation sacrée sur votre sujet dans les moments libres entre votre travail, ou dans ces quelques moments oisifs que vous gaspillez maintenant sans but, et si votre travail était d'une telle nature, que vous pouvez progressivement le faire mécaniquement, vous pouvez méditer pendant que vous y êtes engagé. Cet éminent chrétien, saint et philosophe Jakob Boehme, s'est fait sa grande connaissance des choses sacrées alors qu'il travaillait comme cordonnier. Dans toute vie, il reste du temps pour réfléchir, et l'homme extrêmement occupé n'est pas exclu des aspirations et de la méditation.

La méditation spirituelle et la discipline sont inséparables ; vous devez donc méditer sur vous-même afin d'apprendre à vous comprendre, car rappelez-vous que le grand objet devant vous est l'élimination complète de toutes vos erreurs, afin que vous puissiez réaliser la vérité. Vous devez commencer par vous renseigner sur vos motivations, vos pensées et vos actions, les comparer à votre idéal et vous efforcer de les considérer avec calme et impartialité. De cette façon, vous gagnerez continuellement plus de cet équilibre d'esprit et d'esprit, sans lequel les hommes ne sont que des pailles sans espoir sur l'océan de la vie. Si vous êtes enclin à la haine ou à la colère, pensez à la douceur et au pardon, afin que vous commenciez à désapprouver au maximum votre conduite dure et insensée. Alors vous commencerez à vous attarder sur les pensées de l'amour, de la douceur du pardon multiple, et à mesure que vous surmonterez l'inférieur par le supérieur, viendra progressivement dans votre cœur une connaissance de la loi divine de l'amour, avec une compréhension de sa relation à toutes les circonstances compliquées de la vie et du comportement. En appliquant cette connaissance à chacune de vos pensées, paroles et actions, vous deviendrez plus doux, plus aimant, plus divin.

Ainsi en sera-t-il de chaque erreur, de chaque désir égoïste, de chaque faiblesse humaine ; par le pouvoir de la méditation, elle est vaincue et, à mesure que tout péché et toute erreur sont chassés, une lumière de vérité plus complète et plus brillante illumine l'âme du pèlerin.

En pensant ainsi, vous vous fortifierez sans cesse contre votre seul véritable ennemi, votre moi égoïste et périssable, et vous vous enracinerez d'autant plus fermement dans le moi divin et impérissable, qui est inséparablement lié à la vérité. Le résultat direct de vos méditations sera une force spirituelle calme qui sera votre soutien et votre point de repos dans la bataille de la vie. Grand est le pouvoir conquérant des pensées sanctifiées, et le pouvoir et la connaissance acquis à l'heure de la méditation silencieuse enrichiront l'âme d'un souvenir salvateur à l'heure de la bataille, de la douleur ou de la tentation.

 Au fur et à mesure que vous grandissez en sagesse grâce au pouvoir de la méditation, vous abandonnerez de plus en plus vos désirs égoïstes, qui sont changeants, transitoires et pleins de chagrin et de douleur, et vous prendrez position avec une fermeté et une confiance croissantes dans des principes immuables. et repos céleste.

L'utilisation de la méditation est d'acquérir la connaissance des principes éternels, et le pouvoir qui est obtenu par la méditation est le pouvoir de faire confiance et de se reposer sur ces principes, et ainsi de devenir un avec l'Éternel. Le but de la méditation est donc une connaissance directe de la vérité, de Dieu, et la réalisation de la paix divine et bénie.

Laissez vos méditations s'élever à partir du point de vue éthique sur lequel vous vous tenez maintenant. Rappelez-vous, par une persévérance continue, vous devez grandir dans la vérité. Si vous êtes un chrétien orthodoxe, méditez sans cesse sur la pureté immaculée et la magnificence divine de notre

Seigneur Jésus-Christ, et appliquez tous ses préceptes à votre vie intérieure et à votre conduite extérieure, afin que vous puissiez croître de plus en plus vers sa perfection. Ne soyez pas quand ces gens religieux, qui refusent de méditer sur la Loi de Vérité et appliquent les préceptes du Grand Maître, se contentent de L'adorer formellement, de s'accrocher à leur credo particulier, et de continuer dans l'alternance constante du péché et de la souffrance.. Essayez par le pouvoir de la méditation de vous élever au-dessus de tout amour égoïste pour les dieux du parti ou la doctrine du parti ; au-dessus des formes mortes et de l'ignorance sans vie. Si vous marchez sur le chemin de la sagesse avec votre esprit fixé sur la vérité sans tache, vous ne connaîtrez aucun lieu de repos tant que vous n'aurez pas trouvé la vérité.

Celui qui médite avec ferveur perçoit d'abord une vérité de loin, pour ainsi dire, puis l'acquiert par la pratique quotidienne. Seul celui qui fait la vérité peut reconnaître que son enseignement est bon, car bien que la vérité ne soit vue que par la pensée pure, elle n'est saisie que par la pratique. L'exalté Gautama, le Bouddha, a dit : "Celui qui s'adonne à la vanité et non dans la méditation, perdant de vue le véritable but de la vie et poursuivant le plaisir, envieront plus tard celui qui s'est entraîné à la méditation", et il enseigna à ses disciples les "Cinq Grandes Méditations" suivantes :

« La première méditation est celle de l'amour, dans laquelle vous placez votre cœur de telle manière que vous aspirez au bien-être et au bonheur de toutes les créatures, même de vos ennemis.

« La deuxième méditation est celle de la pitié, dans laquelle vous pensez à toutes les créatures dans la misère, et placez vivement devant vos yeux leur douleur et leur angoisse, de sorte que vous ressentez une profonde pitié dans votre âme pour elles.

« La troisième méditation est celle de la joie, pensant à la prospérité des autres et se réjouissant avec les heureux.

« La quatrième méditation est celle de l'impureté, dans laquelle vous pensez aux conséquences fatales de la corruption sur les effets de la maladie et du péché. Comme le plaisir est parfois insignifiant et comme les conséquences sont terribles.

La cinquième méditation est celle de la sublimité dans laquelle vous vous élevez au-dessus de l'amour et de la haine, de la tyrannie et de l'oppression, de l'abondance et du besoin, et considérez votre propre sort avec un calme impartial et une tranquillité complète.

En s'immergeant dans ces méditations, les disciples du Bouddha parvinrent à la connaissance de la vérité. Mais que vous approfondissiez ou non ces méditations particulières, peu importe tant que votre sujet est la vérité, tant que vous avez faim et soif de la justice qui consiste en un cœur saint et une vie irréprochable. Alors laissez votre cœur se dilater dans vos méditations avec un amour toujours croissant, libéré de toute haine et de toute passion et condamnation, puis embrassez l'univers entier avec un amour tendre. Comme la fleur ouvre son calice à la lumière du jour, ouvre de plus en plus ton âme à la glorieuse lumière de la Vérité. Envolez-vous sur les ailes du désir ; être intrépide et croire que la perfection est possible. Croyez qu'une vie de passivité absolue est possible, ainsi qu'une vie de pureté immaculée ; croient qu'une vie de sainteté complète et la réalisation de la plus haute vérité sont des réalités. Celui qui croit cela gravit rapidement les collines célestes, tandis que les mécréantscontinuer à tâtonner aveuglément dans les vallées humides et brumeuses.

 Si vous croyez ainsi et méditez ainsi, votre expérience spirituelle sera divinement bonne et belle, et glorieuses les révélations qui raviront vos yeux. Lorsque vous réaliserez ce qu'est l'amour divin, la justice et la pureté divines, la loi parfaite du bien, grande sera votre félicité et

profonde votre paix. Les choses anciennes passeront, voici que tout deviendra nouveau.
Le voile de l'univers physique, qui était si dense et impénétrable à l'œil de l'erreur, et si mince et transparent à l'œil de la vérité, sera levé et l'univers spirituel révélé. Le temps ne sera plus, vous ne vivrez que dans l'éternité.
L'impérissabilité et la mortalité ne te craindront plus, car tu es installé dans l'impérissable, et tu habiteras au centre même de l'immortalité.

L'étoile de la sagesse

Star, qui à la naissance de Vishnu,

Krishna, Bouddha, Jésus,

Proclamée aux Sages exaltés,

Ceux qui attendaient, espéraient sa lumière,
Dans l'obscurité des âges
Dans l'obscurité des nuits;
Comme un resplendissant héraut du ciel,
L'avènement du Royaume du Seigneur,
a proclamé l'histoire mystique,
De l'humble naissance de la Divinité
Dans l'écurie des mauvaises passions
Dans la crèche de l'âme de l'homme ;
Chanteur silencieux du secret,
Compassion profonde et sainte,
Chargé de soins pour le cœur,
Pour l'âme de la lassitude:—

Etoile d'un éclat transcendant,

Tu brilles à nouveau à minuit,

Tu consoles à nouveau les sages,

Qui attendent dans les ténèbres de la doctrine,

L'as de la lutte sans fin,

Contre les épées tranchantes de l'erreur,

L'as des idoles sans vie et inutiles,

Des morts forment la religion,

Fatigué d'attendre ta lumière ;

Tu as éclairé leur chemin ;

Les vieilles vérités affichées,

Au cœur de tous les Veilleurs,

Aux âmes de tes bien-aimés.

Tu parles de joie et d'allégresse,

De la paix naissent du chagrin.

Heureux ceux qui te perçoivent,

Marcheurs fatigués des nuits.

Bienheureux ceux qui le sentent battre

Au fond de leur sein,

D'un grand amour qui y habite,

Élevé par ta lumière.

Apprenons cette leçon maintenant,

Apprentissage humble et docile,

D'un amour doux, sage et joyeux,

Ancienne étoile du Saint Vishnus

Lumière de Krishna, Bouddha, Jésus.

2.

Les deux seigneurs : soi et vérité

Sur le champ de bataille de l'âme humaine, deux seigneurs se disputent toujours la couronne de la maîtrise du cœur ; le seigneur de l'égoïsme aussi appelé « Le Prince de ce monde », et le seigneur de la vérité aussi appelé « Notre Dieu et Père ». Le moi est ce maître récalcitrant, dont les armes sont la passion, l'orgueil, l'avarice, la vanité, la volonté propre, les œuvres des ténèbres ; la vérité est ce maître doux et humble dont les armes sont la douceur, la patience, la pureté, l'abnégation, l'humilité, l'amour, des instruments de lumière.

Cette bataille se déroule dans chaque âme, et tout comme un soldat ne peut pas combattre simultanément dans deux armées ennemies, notre cœur se bat soit pour soi, soit pour la Vérité. "Il n'y a pas de juste milieu. Le soi et la vérité, là où le soi est, la vérité n'est pas et vice versa. Ainsi parlait Bouddha, ce grand enseignant de la vérité, et le Seigneur Jésus, le Christ révélé, déclara : "Nul ne peut servir deux maîtres, car ou il haïra l'un et s'attachera à l'autre, ou il servira l'un et méprisera l'autre, vous ne pouvez pas servir Dieu et Mammon.

Cette vérité est si simple, si claire et si claire, qu'il n'y a rien de compliqué en elle, rien de plus n'a besoin d'être pris en compte. Notre propre moi est inventif, rusé et contrôlé par des désirs bizarres et erronés, permet un nombre infini de réflexions et de rebondissements, et les adorateurs de soi égarés s'imaginent pouvoir satisfaire tous les désirs mondains et en même temps posséder la vérité. . Mais les amoureux de la vérité vénèrent la vérité à leurs propres frais et se gardent continuellement de la mondanité et de l'égoïsme.

Cherchez-vous et obtenez-vous la vérité? Alors vous êtes prêt pour le sacrifice de soi, pour l'abandon continuel, car la vérité dans toute sa gloire ne peut être vue et connue que lorsque la dernière trace d'égoïsme a disparu. Le Christ éternel a déclaré que celui qui serait son disciple se renierait chaque jour.

Êtes-vous prêt à vous nier, à renoncer à vos envies, vos préjugés, vos opinions ? Alors vous pouvez marcher sur le chemin étroit de la vérité et trouver cette paix dont le monde est exclu. Le renoncement complet, l'autodestruction parfaite est la vérité, et tous les systèmes religieux et philosophiques ne sont que des aides à sa réalisation.

L'égoïsme est le refus de la vérité. La vérité est le déni d'elle-même. Si vous vous laissez mourir, vous renaîtrez dans la vérité. Si vous vous accrochez à la vérité, elle vous restera cachée. Pendant que vous vous accrochez à vous-même, votre chemin sera semé d'embûches, la douleur, la tristesse et la déception seront votre lot. Il n'y a pas de difficultés dans la vérité, et en vous approchant de la vérité, vous serez libéré de tout chagrin et de toute déception.

La vérité n'est pas cachée en elle-même et dans les ténèbres. Il est toujours révélé et complètement transparent. Mais les égoïstes aveugles et errants ne peuvent pas le voir. La lumière du jour n'est cachée qu'aux aveugles, et la lumière de la vérité n'est cachée qu'à ceux qui sont aveuglés par l'égoïsme.

La vérité est la seule réalité dans l'univers, l'harmonie intérieure, la justice parfaite, l'amour éternel. Rien ne peut y être ajouté ou retranché. Elle ne dépend d'aucun homme, mais tous les hommes dépendent d'elle. Vous ne pouvez pas percevoir la beauté de la vérité tant que vous regardez tout avec les lunettes de l'égoïsme. Si tu es vaniteux, tu coloreras tout de tes propres vanités. Si vous êtes lubrique, votre cœur et votre esprit seront tellement dominés par la brume et les flammes de la passion que tout en aura l'air déformé. Si vous êtes fier et obstiné, vous ne verrez rien dans tout l'univers que l'ampleur et l'importance de vos propres opinions.

Il y a une vertu qui distingue l'homme de vérité de l'homme d'égoïsme, c'est l'humilité. Non seulement être libre de la vanité, de la raideur de tête et de l'égoïsme, mais considérer sa propre opinion comme sans valeur, c'est en effet la véritable humilité. Celui qui est absorbé par lui-même ne trouve que le sienopinions vraies et celles des autres fausses. Mais l'humble amoureux de la vérité, qui a appris à distinguer entre l'opinion et la vérité, considère tout avec un œil de charité, et ne cherche pas à défendre ses opinions contre les leurs, mais sacrifie ces opinions, afin qu'il puisse aimer le plus et l'esprit de vérité. , car la vérité dans sa nature même est inexplicable et ne peut être clarifiée qu'à travers nos vies. Celui qui a le plus d'amour humain a aussi le plus de vérité.

Les hommes commencent par des questions passionnées, puis pensent bêtement qu'ils défendent la vérité alors qu'ils ne défendent que leurs propres intérêts mesquins et leurs opinions éphémères. L'égoïste prend les armes contre un autre, l'amant de la vérité, au contraire, prend les armes contre lui-même. La vérité, qui est impérissable et éternelle, ne dépend pas de votre opinion et de la mienne. Nous pouvons y entrer et aussi rester à l'extérieur, mais nos défenses comme nos attaques sont inutiles et sont rejetées sur nous-mêmes.

 Les hommes qui sont esclaves d'eux-mêmes, qui sont fiers et passionnés et qui condamnent tout, pensent que leur croyance ou religion particulière est la vérité et que toutes les autres religions sont des erreurs, et ils font des prosélytes avec un zèle passionné. Il n'y a qu'une religion, celle de la vérité, et une seule erreur, celle de l'égoïsme. La vérité n'est pas une forme de croyance, mais un cœur désintéressé, saint et pur. Celui qui est de la vérité vit en paix avec tous et aime tout avec des pensées d'amour.

Vous pouvez facilement savoir si vous êtes un adepte de la vérité ou de l'égoïsme, si vous examinez silencieusement votre esprit, votre cœur et votre conduite. Entretenez-vous des pensées de méfiance, d'envie, de sensualité, d'orgueil, ou luttez-vous sérieusement contre elles ? Si c'est le premier, alors vous êtes enchaîné à vous-même, quelle que soit la religion que vous professez ; si tel est le cas, vous êtes un amoureux de la vérité, bien qu'extérieurement vous ne professez aucune religion. Es-tu passionné, obstiné, cherchant toujours tes propres fins égoïstes; ou es-tu doux, gentil, désintéressé, ne cédant pas à vos propres désirs et toujours prêt à abandonner vos désirs ? Si le premier, alors l'égoïsme est votre maître, le second, la vérité est l'objet de votre amour. Aspirez-vous à la richesse ? Vous battez-vous passionnément pour votre parti ? Vous aspirez au pouvoir et vous voulez toujours être le premier ? Vous louez-vous et vous louez-vous toujours ou avez-vous renoncé à l'amour des richesses? Avez-vous tous renoncé à vous battre ? Vous contentez-vous de prendre la place la plus basse et de vivre inaperçu ? A-t-il cessé de parler de vous et de regarder votre propre personnalité avec fierté et plaisir ? Si c'est le cas, bien que vous pensiez adorer Dieu, le dieu de votre cœur est l'égoïsme. Si tel est le cas, bien que vous gardiez vos lèvres de l'adoration, vous demeurez cependant avec le Très-Haut.

Les signes par lesquels l'amant de la vérité est reconnu sont indubitables : Écoutez comment saint Krishna les explique dans la belle traduction de Sir Edwin Arnold de la « Bhavagad Gita » : -

L'intrépidité, la simplicité de cœur, une volonté,

S'efforcer toujours d'obtenir la sagesse ; une main ouverte

Passions contrôlées, piété,

Amour pour les études sérieuses ; humilité,

Sincérité, prends garde de ne blesser aucun être vivant,

Vérité, Paix, Un seul esprit,

Cela libère bientôt ce que les autres méprisent l'équanimité et l'humanité,

Qui ne remarque pas les fautes des autres ;

tendresse à tous ceux qui souffrent, un coeur content,

Libre de tout désir, sérieux en vue,

Doux et sobre, plein d'une noble virilité,

Patience, force d'âme et pureté,

Un esprit sans vengeance,

Cela ne se compte jamais haut - ce sont les jetons,

Ô prince indien ! de celui dont les pieds se tiennent,

Sur le juste chemin qui mène aux lieux célestes.

Lorsque les hommes sur les chemins sinueux de l'erreur et de l'égoïsme oublient la « renaissance », cet état de sainteté et de vérité, ils établissent une norme artificielle par laquelle se mesurer et se tenir en s'accrochant à leur propre théologie comme pierre de touche de la vérité et ainsi les hommes sont divisés les uns contre les autres et il y a une inimitié incessante et une douleur et une souffrance sans fin.

Lecteur, essayez-vous de provoquer la nouvelle naissance dans la vérité ? Il n'y a qu'une seule méthode : Laisser mourir l'égoïsme en Toi. Laissez tomber tous ces désirs, désirs, opinions, opinions limitées et préjugés auxquels vous avez été jusqu'ici si attachés. Qu'ils ne vous maintiennent plus en servitude et vous vous tiendrez dans la vérité. Cessez de penser que votre propre religion est meilleure que toutes les autres, et efforcez-vous humblement d'apprendre la belle leçon de la charité universelle. Ne vous accrochez plus à l'idée, qui cause tant de conflits et de chagrin, que le Sauveur que vous adorez est le seul Sauveur, et que le Sauveur que votre frère adore avec une égale sincérité et un zèle fervent, serait un trompeur ; mais cherchez diligemment le chemin de la sainteté, et alors vous découvrirez que chaque homme saint est un sauveur du monde.

S'abandonner, ce n'est pas seulement abandonner les choses extérieures. Elle consiste à abandonner le péché et l'erreur intérieurs. Non en renonçant aux beaux vêtements ou aux richesses, ou en s'abstenant de certains aliments, non en prononçant de belles paroles, non en faisant ces choses seuls, la vérité se trouve, mais en abandonnant l'esprit de vanité et de convoitise aux richesses, en s'abstenant de satisfaire son désir sensuel; en abandonnant tout conflit, haine, condamnation et égoïsme, et en devenant doux et pur de cœur; en faisant ces choses, la vérité est trouvée. Le premier à faire et non le second est le pharisaïsme et l'hypocrisie, ce dernier incluant le premier. Vous pouvez abandonner le monde extérieur et vous isoler dans une grotte ou au fond des bois, mais vous emporterez avec vous tout votre égoïsme et si vous n'y renoncez pas votre misère sera grande et vous resterez dans un état du délire. . Vous pouvez rester où vous êtes et accomplir tous vos devoirs, et pourtant abandonner le monde, votre ennemi intérieur. Être dans le monde et pourtant ne pas être du monde est le plus haut;la perfection, la paix la plus bénie, est de remporter la plus grande victoire sur soi-même. L'abandon de soi est la voie de la vérité : alors :

« Continuez ainsi ; il n'y a pas de plus grand chagrin que la haine,

Aucune douleur comme la passion, aucune tromperie comme celle des sens ;

Continuez sur ce chemin; loin est déjà allé l'homme,

Dont le pied a foulé un vœu chéri."

Au fur et à mesure que vous réussirez à vous dépasser, vous apprendrez à voir les choses dans leur juste relation. Celui qui est mû par la passion, les préjugés, la prédilection ou la réticence adapte tout à cet état d'esprit particulier et ne voit que ses propres idées trompeuses.

Celui qui est totalement libre de toute passion, préjugé, préférence et partialité se voit tel qu'il est ; les autres, telles qu'elles sont, et toutes choses dans leurs justes proportions et leurs vraies relations. N'ayant rien à attaquer, à défendre ni à cacher, et aucun intérêt à défendre, il vit en paix. Il a réalisé la profonde simplicité de la vérité, car cet état d'esprit calme, calme et heureux est l'état de vérité. Celui qui y vient habite avec les anges et s'assied au marchepied du Très-Haut.

Connaissant la grande loi et l'origine du chagrin, le mystère de la souffrance et le chemin de la libération vers la vérité, comment pourrait-il encore se mêler de conflits ou de condamnations ; car bien qu'il sache que le monde aveugle et égoïste, entouré par les nuages de sa propre imagination et enveloppé dans les ténèbres de l'erreur et de l'égoïsme, ne peut pas percevoir la lumière inébranlable de la vérité, et est tout à fait impuissant à comprendre la profonde simplicité de le cœur qui est mort à l'égoïsme ou qui lutte pour lui, mais il sait aussi que lorsque des siècles de souffrance auront entassé des montagnes de chagrin, alors l'âme accablée et courbée du monde fuira vers son dernier refuge, et que lorsque les siècles s'accomplit, tous les fils prodigues retourneront au troupeau des véridiques. Aussi continue-t-il à vivre dans un esprit de bienveillance envers tous, et regarde tout avec cette tendre pitié qu'un père a pour ses enfants errants.

Les gens ne peuvent pas comprendre la vérité parce qu'ils s'accroche à soi-même, parce qu'il pense que sa propre personnalité est la seule chose qui existe vraiment, alors que c'est la seule erreur.

Lorsque vous ne croirez plus à l'égoïsme et que vous y adhérerez, vous l'abandonnerez certainement et fuirez vers la Vérité, où vous trouverez la réalité éternelle.

Lorsque l'homme est épris du rayonnement de l'opulence, du plaisir et de la vanité, sa soif de vivre est plus grande et il s'illusionne en rêvant de l'immortalité de la chair, mais lorsqu'il vient récolter la moisson de ses propres semailles, douleur et chagrin avoir le dessus, alors, détruit et humilié, il renonce entièrement à lui-même et à tout son aveuglement de soi, et vient avec un cœur languissant à la seule immortalité, qui détruit toutes les illusions, à l'immortalité spirituelle dans la vérité.

Les hommes passent du mal au bien, de l'égoïsme à la vérité, par la porte obscure de la douleur, car la douleur et l'égoïsme sont inséparables. Ce n'est que dans la paix et la béatitude de la vérité que toute douleur est surmontée. Si vous vous sentez déçu parce que vos plans chéris ont été contrecarrés ou parce que quelqu'un n'a pas répondu à vos attentes, c'est parce que vous vous accrochez encore à l'égoïsme. Si vous éprouvez des remords pour votre conduite, c'est parce que vous vous êtes livré à l'égoïsme. Si vous êtes accablé de chagrin et de regret face à l'attitude d'autrui envers vous, c'est parce que vous vous aimez trop. Si vous vous sentez blessé par ce qui vous a été fait ou dit, c'est parce que vous marchez sur le chemin douloureux de l'égoïsme. Toute souffrance provient de l'égoïsme et aboutit à la vérité. Lorsque vous y serez entré et que vous aurez réalisé la vérité, vous ne ressentirez plus de déception, de remords et de regret, et le chagrin vous fuira.

"Le moi est le seul cachet qui puisse retenir l'âme captive,

La vérité est le seul ange qui peut ouvrir ses portes,

Quand elle vient vous appeler, levez-vous et suivez-la rapidement,

Son chemin mène à travers les ténèbres mais mène à la lumière.

La douleur du monde est son œuvre. La souffrance nettoie et donne de la profondeur à l'âme, et le comble de la douleur est la prophétie de la Vérité.

Avez-vous beaucoup souffert ? Vous vous inquiétez beaucoup ? Avez-vous sérieusement réfléchi aux questions de la vie ? Si c'est le cas, alors vous êtes prêt à faire la guerre à l'égoïsme et à devenir un disciple de la vérité.

Les savants, ne voyant pas la nécessité de s'abandonner, font des théories sans fin sur l'univers et l'appellent vérité, mais si vous suivez la ligne droite, que suit la justice, alors vous saisirez la vérité, qui n'a pas sa place dans la théorie. et ça ne change jamais. Veille sur ton coeur. Versez-le continuellement avec un amour désintéressé et une pitié sincère, et essayez d'exclure toutes les pensées et tous les sentiments qui ne sont pas en accord avec l'amour, rendez le bien pour le mal, l'amour pour la haine, la douceur pour les mauvais traitements, et gardez le silence lorsque vous êtes attaqué. Alors vous transformerez tous vos désirs égoïstes en l'or pur de l'amour, et l'égoïsme disparaîtra dans la vérité. Ainsi tu marcheras irréprochable parmi les hommes, chargé du joug léger de l'humilité et revêtu de la robe divine de l'humilité.

Viens âme fatiguée ! Mets fin à tes efforts et à tes efforts Dans le sein de ton Maître compatissant, Pourquoi traverseras-tu le désert aride de l'égoïsme. Soif des eaux vives de la vérité.

Ici, près du chemin de ta recherche et de ton péché

Coule le fleuve glorieux de la vie, se trouve l'oasis verte de l'amour,

Viens, tourne-toi et repose-toi, connais la fin et le début,

Le recherché et le chercheur, le voyant et le vu.

Le Maître ne siège pas dans les montagnes inaccessibles,

Et ne demeurez pas dans un mirage haut dans le ciel,

Tu ne découvriras pas non plus ses fontaines magiques,

Sur des chemins de sable qui entourent le désespoir.

Arrêtez la recherche ardue dans le désert sombre

Dans les pas de ton Roi et Seigneur,

Si tu veux entendre le doux son de sa voix,

Alors soyez sourd à toutes les voix de l'égoïsme en vous.

Fuis les lieux de disparition, renonce à tout ce que tu as,

Laisse tout ce que tu aimes et déshabille-toi, prosterne-toi dans le sanctuaire du Soi,

Là demeure le Très-Haut, le Saint, l'Immuable.

Au centre du silence il habite,

Abandonnez le chagrin et le péché, abandonnez vos errances,

Venez vous baigner dans sa joie, tandis que lui. tu

Dites à voix basse ce que votre âme recherche, puis n'errez plus.

Cesse donc, âme fatiguée, avec tes efforts et tes efforts,

Trouvez la paix dans le cœur de votre Maître compatissant,

Arrêtez le trekking à travers le désert aride

Venez boire les eaux pures de la vérité.

3.

Gagner du pouvoir mental

Le monde est plein de gens qui recherchent le plaisir, l'excitation et la nouveauté ; qui cherchent toujours à être émus de rire ou de pleurer ; ne recherchent pas la force, la constance et la force, mais la faiblesse, et consomment continuellement toute la force qu'ils ont.

Les hommes qui ont vraiment du pouvoir et de l'influence sont peu nombreux, car peu feront le sacrifice pour gagner du pouvoir, et encore moins sont ceux qui veulent patiemment se forger un caractère. Être poussé ici et là par vos pensées et vos impressions changeantes, c'est être faible et impuissant, contrôler et bien diriger ces forces signifie être fort et puissant.

Les hommes qui ont de fortes passions animales ressemblent beaucoup à la bête sauvage, mais ce n'est pas le pouvoir. Le principe du pouvoir est présent, mais ce n'est que lorsque le sauvage est apprivoisé et contrôlé par l'esprit que le véritable pouvoir se développe, et les hommes ne peuvent s'élever à des états de conscience intellectuelle de plus en plus élevés qu'en s'élevant eux-mêmes hors de cet état dans lequel ils sont contrôlés. par le corps. La différence entre un homme spirituellement faible et un homme fort ne réside pas dans la force de la volonté personnelle (car l'homme à la tête raide est généralement faible et insensé) ; mais dans ce foyer de conscience qui constitue leur état de connaissance.

Ceux qui recherchent l'amusement, l'excitation et la nouveauté, ainsi que les victimes d'impressions et d'émotions hystériques, manquent de cette connaissance des principes qui constituent l'équilibre, la constance et l'influence.

Un homme commence à développer sa force lorsque, maîtrisant ses impressions et ses tendances égoïstes, il ne compte que sur la conscience plus élevée et plus calme en lui-même et ne repose que sur ses principes.

L'adhésion consciente à ses principes est à la fois l'origine et le secret du pouvoir suprême.

Lorsqu'après beaucoup de recherches, de souffrances et de sacrifices, la lumière d'un principe éternel brille sur l'âme, il s'ensuit une calme saint et la joie indicible réjouissent le cœur.

Celui qui a un tel principe cesse d'errer, reste le même et peut se contrôler. Il n'est plus l'esclave de ses passions et devient collaborateur au temple du Destin.

Celui qui se laisse dominer par l'égoïsme et non par le principe change car son aisance égoïste est menacée. Toujours soucieux de défendre et de garder ses propres intérêts, il considère comme licites tous les moyens par lesquels il peut atteindre ce but. Il planifie constamment comment se protéger de ses ennemis et pense trop à lui-même pour se rendre compte qu'il est son propre ennemi. Le travail d'un tel homme tombe en miettes, car il est au-delà de la vérité et du pouvoir. Tout travail basé sur l'égoïsme périt ; ce travail demeure seul, fondé sur un principe impérissable.

L'homme qui vit d'un principe supérieur est en toutes circonstances calme, intrépide et impassible. Quand vient l'heure du procès et qu'il doit trancher entre son confort personnel et la vérité, il se livre et se dresse comme un roc. Même la perspective des tourments et de la mort ne peut le faire s'incliner. L'homme égoïste considère la perte de son argent, de son confort ou de sa vie comme la plus grande calamité qui puisse lui arriver. L'homme de principe considère ces choses comme relativement insignifiantes, ce qui ne peut être comparé à la perte de l'honneur ou de la vérité. Être infidèle à la vérité est pour lui la seule chose qu'on puisse vraiment appeler un désastre. A l'heure de l'affliction, ils verront qui sont les enfants des ténèbres et qui sont les enfants de la lumière. Au moment du danger imminent, de la persécution, les brebis sont séparées des boucs, et le spectateur voit avec un regard de révérence la lignée des hommes d'esprit qui ont vécu pendant de nombreux siècles. Il est facile à un homme, tant qu'il reste dans la pleine jouissance de ses biens, de se convaincre qu'il croit aux principes de paix, de fraternité et de charité universelle ; mais si, lorsque sa jouissance de la vie est menacée, ous'il pense seulement que c'est le cas, et éclate immédiatement en lamentations bruyantes, il montre clairement qu'il n'est pas tellement attaché à la paix, à la fraternité et à l'amour, mais plutôt à la lutte, à l'égoïsme et à la haine.

Celui qui ne renonce pas à ses principes lorsqu'il est menacé de perdre sa renommée, voire de perdre tous les plaisirs terrestres et sa vie, est l'homme dont la parole et l'œuvre demeurent, que la postérité estime et vénère. Plutôt que d'abandonner le principe de l'amour divin qu'il professait, le Seigneur Jésus a enduré les plus grandes épreuves et la plus terrible agonie ; et jusqu'à ce jour le monde entier se prosterne en adoration à ses pieds transpercés. Il n'y a pas d'autre moyen d'acquérir du pouvoir spirituel que par l'illumination intérieure, qui est le résultat de principes spirituels, et ces principes ne peuvent être maîtrisés que par une pratique et une application constantes.

Prenez le principe de l'amour divin, méditez-le tranquillement et assidûment, dans le but de le comprendre pleinement. Laissez sa lumière investigatrice tomber sur toutes vos habitudes, actions, paroles et relations avec les autres, toutes vos pensées et désirs secrets. Au fur et à mesure que vous avancerez dans cette voie, l'amour divin vous sera de plus en plus révélé, et vos propres défauts seront d'autant plus clairs devant votre esprit et vous inciteront à redoubler d'efforts ; et une fois que tu auras entrevu la noblesse incomparable de ce principe impérissable, tu ne t'attarderas plus jamais sur ta faiblesse, ton égoïsme, ton imperfection, mais tu poursuivras cet amour, jusqu'à ce que tu aies renoncé à tout élément délirant, et tu te trouveras en parfaite harmonie. là. vous a amené. Cet état d'harmonie intérieure est le pouvoir de l'esprit.

Prenez aussi d'autres principes spirituels, tels que la pureté et la compassion, et appliquez-les de la même manière, et, si exigeante est la vérité, vous ne pourrez pas vous arrêter et ne trouver aucun repos, jusqu'à ce que la robe la plus profonde de votre âme soit nettoyé de toute souillure et pour votre cœur, n'est plus capable de suivre l'impulsion d'une impression dure, critique ou impitoyable.Ce n'est que dans la mesure où vous comprenez ces principes, qu'ils sont réels pour vous et que vous comptez avec eux, que vous acquerrez un pouvoir spirituel, et ce pouvoir se manifestera en vous et à travers vous sous la forme d'une plus grande patience et d'une plus grande équanimité.

La maîtrise de soi produit plus de tolérance ; la patience sublime est la marque de la connaissance divine, et l'homme d'esprit est connu pour garder un sang-froid constant au milieu de tous les devoirs et distractions de la vie. "Il est facile de vivre dans le monde à la manière du monde et dans la solitude à notre manière, mais l'homme d'une grande âme demeure ferme et impassible au milieu du monde comme il le ferait dans la solitude.

Certains mystiques soutiennent que la patience parfaite est la source de ce pouvoir par lequel s'accomplissent les soi-disant miracles, et il est certain que celui qui a obtenu une si parfaite maîtrise de tous ses pouvoirs intérieurs, qu'aucun choc, si violent soit-il, ne peut lui faire perdre son équanimité pour un moment, doit être capable de gouverner ces forces de la nature d'une main de maître.

 Grandir en maîtrise de soi, en patience et en équanimité, c'est grandir en force et en puissance ; et vous ne pouvez progresser que de cette manière en concentrant votre esprit sur un principe fixe comme point focal. Tout comme un enfant, après de nombreux efforts vigoureux, réussit enfin à marcher seul, de même vous devez suivre le chemin de l'esprit en essayant d'abord de vous tenir seul. Libérez-vous de la tyrannie de la coutume, de la tradition et de la conventionnalité et de l'opinion des autres, jusqu'à ce que vous réussissiez à vous tenir seul et ferme parmi les hommes.

Reposez-vous sur votre propre jugement, restez fidèle à votre propre conscience ; suivez la lumière qui est en vous; toute lumière extérieure n'est qu'un feu follet. Beaucoup te diront que tu es insensé, que ton jugement est faux, que ta conscience est sens dessus dessous et que la lumière en toi est ténèbres, mais ne les prends pas en compte.

Si ce qu'ils disent est vrai, alors vous-même qui cherchez la sagesse le découvrirez mieux encore, et vous seul faites cette découverte en testant votre force. Alors allezintrépide sur votre chemin. Au moins ta conscience t'appartient et il est bon de suivre sa voix, se conformer à la conscience d'autrui c'est être esclave. Tu tomberas très souvent et tu recevras de nombreuses blessures, tu endureras beaucoup pendant un certain temps, mais tu avanceras dans la foi, convaincu qu'une certaine victoire sera remportée par toi.

Cherchez un rocher, un principe, et après l'avoir trouvé, accrochez-vous à lui, prenez position dessus, et planez, jusqu'à ce qu'enfin, debout immobile dessus, vous puissiez défier la rage des vagues et les tempêtes de égoïsme.

Car l'égoïsme sous toutes ses formes est la prodigalité, la faiblesse, la mort, le désintéressement est l'auto-préservation, la force est la vie. Au fur et à mesure que vous grandissez dans la vie spirituelle et que vous vous établissez sur des principes, vous deviendrez aussi noble et irresponsable que ces principes, vous goûterez à la douceur de leur noyau immortel et vous réaliserez la nature éternelle et immuable de Dieu en vous.

Aucune flèche blessante ne peut atteindre le juste,

Qui se tient debout au milieu des tempêtes de la haine.
Braver la douleur, l'insulte et le reproche,
Entouré des esclaves tremblants du destin.
Majestueux dans la force du pouvoir silencieux,
Il se tient là tranquillement, sans l'ombre d'un changement
Patient et ferme à l'heure sombre de la souffrance,
Le temps s'incline devant sa mort et le jugement est conquis.

La lueur rougeoyante de la colère vacille autour de lui,

Le tonnerre profond de l'enfer roule sur sa tête,

Il ne le considère pas, car il ne peut pas s'approcher de lui,

Cet état d'où la terre, le temps et l'espace ont fui.

Protégé par l'amour vivant, que craindrait-il ?

Vêtu de l'armure de la vérité, que peut-il savoir

De perte et de profit ? Connaissant l'éternité,

Ne bouge-t-il pas, tandis que les ombres vont et viennent.

Appelez-le immortel, appelez-le vérité et lumière,

Éclat et majesté prophétique,

Qui habite donc au milieu des puissances obscures,

Revêtu de l'éclat de la divinité.

4.

Atteindre l'amour désintéressé

On dit que Michel-Ange a vu dans chaque bloc de pierre brut une belle forme, n'attendant qu'une main de maître pour la faire exister. Ainsi se cache dans chaque créature l'image divine, n'attendant que la main maîtresse de la foi et le ciseau de la patience pour être révélés. Et cette image divine se manifeste comme un amour pur et désintéressé.

Caché au plus profond de chaque cœur humain, bien que souvent recouvert d'une masse d'excroissances dures et presque impénétrables, se trouve l'Esprit d'amour divin, dont l'être saint et sans souillure est immortel et éternel. C'est la vérité dans l'homme, celle qui appartient au Très-Haut, qui est réelle et immortelle. Tout le reste change et passe ; cela seul est permanent et impérissable, et intérioriser cet amour par un zèle constant dans l'exercice de la plus haute droiture, y vivre et en être pleinement conscient, c'est entrer ici et maintenant dans l'immortalité, devenir un. avec la vérité, avec Dieu, avec le cœur et le noyau de toutes choses et notre propre nature divine et éternelle. Pour obtenir, comprendre et expérimenter cet amour, il faut travailler avec beaucoup de persévérance et de diligence dans son cœur et son esprit, faisant toujours preuve de patience et gardant sa foi vivante, car il y aura beaucoup à enlever, beaucoup à compléter. l'image se révèle dans toute sa glorieuse beauté.

Celui qui s'efforce d'atteindre et d'accomplir le divin sera éprouvé à l'extrême, et cela est absolument nécessaire, car comment pourrait-on acquérir autrement cette patience sublime sans laquelle il n'y a pas de vraie sagesse, pas de divinité ? Constamment, à mesure qu'il avance, son travail lui paraîtra vain, et son labeur lui paraîtra rejeté. De temps en temps, un coup de pinceau précipité ternira son image, et peut-être, quand il pensera que son travail est presque terminé, trouvera-t-il la belle forme de l'amour divin complètement détruite, et devra-t-il recommencer aidé et guidé par son amertume expériences. Mais celui qui est déterminé à atteindre le plus haut ne compte pas une telle chose comme une défaite. Chaque échec est apparent, pas réel. Chaque déclin, chaque chute, chaque retour à l'égoïsme est une leçon apprise, une expérience faite, à partir de laquelle est obtenue la semence d'or de la sagesse, qui aide l'homme dans l'accomplissement de son plan sublime. À reconnaître:

Que nous pouvons former de nos vices

Une échelle, si nous voulons seulement marcher

Sous nos pieds chaque acte de honte,

a foulé le chemin qui mène infailliblement au divin, et les défaites de celui qui le pense ne sont que des incidents insignifiants, qui le rapprochent un peu plus de son noble idéal.

Une fois que vous avez commencé à voir que vos défauts, vos chagrins et vos souffrances sont autant de voix qui vous montrent clairement où vous êtes faible et faillible, où vous êtes en deçà du vrai et du divin, vous vous surveillerez toujours et chaque chute, chaque douleur, vous montrera par où commencer votre travail et ce qu'il faut sortir de votre cœur pour le conformer au divin, pour le rapprocher de l'amour parfait. Et au fur et à mesure que vous avancez, vous libérant chaque jour de plus en plus de l'égoïsme intérieur, l'amour désintéressé vous sera progressivement révélé. Et puis, quand tu deviendras patient et calme, quand ton tempérament, ta mauvaise humeur et tes susceptibilités te quitteront, et que les désirs puissants et les préjugés cesseront de te contrôler et de t'asservir, alors tu sauras que le divin s'est éveillé en toi et que tu attires près du cœur éternel, et tu n'es pas loin de cet amour désintéressé, dont la possession signifie la paix et l'immortalité.

L'amour divin se distingue de l'amour humain par cette particularité importante qu'il est exempt de partialité. L'amour humain s'attache à un objet particulier et exclut tout le reste, et lorsque cet objet est enlevé, la souffrance est indiciblement grande dans le cœur aimant. L'amour divin embrasse tout l'univers sans s'attacher à aucune partie, et pourtant contient en lui lui-même le tout, et celui qui vient se purifier et s'agrandir continuellement par son amour humain jusqu'à ce que tous les éléments égoïstes et impurs soient brûlés, ne souffre plus. C'est parce que l'amour naturel est étroit et limité et mêlé d'égoïsme qu'il cause de la douleur. Aucune douleur ne peut naître de cet amour si pur qu'il ne cherche rien pour lui-même. Pourtant l'amour naturel est absolument nécessaire comme premier commencement de l'amour divin, et aucune âme ne peut devenir participante de ce dernier sans chérir l'amour naturel le plus profond et le plus intime. Ce n'est qu'en ayant d'abord ressenti l'amour naturel et enduré la souffrance humaine que l'amour divin peut être compris et atteint.

Tout amour naturel est périssable comme la forme à laquelle il s'accroche ; mais il y a un amour qui est impérissable et qui ne s'accroche pas aux apparences.

Contre tout amour naturel il y a la haine, mais il y a un amour qui n'admet ni opposition ni réaction ; divine et exempte de toute souillure d'égoïsme, elle répand son parfum sur tous.

L'amour naturel est une ombre de l'amour divin et rapproche l'âme de la réalité, de l'amour qui ne connaît ni douleur ni changement.

Il est bon et naturel que la mère, qui s'est attachée avec un amour passionné à la petite figure impuissante qui repose sur son sein, soit prise de tristesse lorsqu'elle voit l'enfant couché dans la fosse froide. Il est bon que ses larmes coulent et que son cœur se serre, car ce n'est qu'ainsi qu'on pourra lui rappeler la fugacité de la joie sensuelle et la rapprocher de l'éternelle réalité impérissable.

Il est bon que l'époux, le frère, la sœur, le mari et la femme souffrent d'une profonde angoisse et soient plongés dans les ténèbres, lorsque l'objet visible de leur amour leur est arraché, afin qu'ils puissent apprendre à fixer leur amour sur la source invisible de celui-ci. où seule une satisfaction durable peut être trouvée.

Il est bon que l'homme orgueilleux, ambitieux et égoïste connaisse la défaite, l'humiliation et le malheur, qu'il traverse le feu flamboyant de la douleur, car ce n'est qu'ainsi que l'âme rebelle peut être amenée à réfléchir à l'énigme de la vie, c'est seulement ainsi que le cœur peut être adouci, purifié et préparé à recevoir la vérité.

Quand l'aiguillon du chagrin frappe le cœur de l'amour naturel ; quand les ténèbres, la solitude et la désolation assombrissent l'âme des amitiés de confiance, le cœur se tourne vers l'amour protecteur de l'Éternel et trouve le repos dans sa paix tranquille. Et quiconque s'approche de cet amour n'est pas renvoyé sans réconfort, n'est pas transpercé par la peur, ni entouré de ténèbres, et ne reste jamais abandonné et seul à l'heure sombre de l'épreuve.

La gloire de l'amour divin ne peut être révélée que dans le cœur purifié par la douleur, et l'image de la condition céleste ne peut être perçue et atteinte que lorsque les excroissances sans vie et sans forme de l'ignorance et de l'égoïsme sont éliminées. Seul cet amour peut être qualifié de divin, qui ne cherche ni satisfaction personnelle ni récompense, ne fait aucune distinction et ne laisse aucun chagrin d'amour derrière lui.

Les hommes asservis à l'égoïsme et aux ombres froides du mal pensent généralement que l'amour divin est quelque chose qui appartient à un Dieu qui est tout à fait hors de leur portée, quelque chose qui les dépasse eux-mêmes et toujours au-delà d'eux. En vérité, le Dieu d'amour est toujours hors de portée de l'égoïsme, mais lorsque par le cœur et l'esprit cet égoïsme est vaincu, alors l'amour suprême, qui vient de Dieu ou du bien, vient en nous et continue d'y habiter.

Cette acquisition intérieure du saint amour n'est rien d'autre que l'amour du Christ, dont on parle tant et pourtant si peu compris. Cet amour non seulement sauve l'âme du péché, mais l'élève au-dessus du pouvoir de la tentation.

Mais comment devenir participants de ce bien glorieux ? La réponse que la vérité a toujours donnée et donnera toujours à cette question est : « Vide-toi, et je te remplirai. L'amour divin ne peut être connu tant que l'égoïsme n'est pas mort, car l'égoïsme est le déni de l'amour, et comment ce qui est connu peut-il aussi être nié ?

Ce n'est que lorsque la pierre de l'égoïsme est retirée de la tombe de l'âme que le Christ immortel, mort et enterré, se débarrasse des langes de l'ignorance et se présente dans toute la majesté de sa résurrection.

Vous croyez que Jésus de Nazareth a été mis à mort et ressuscité : je ne dis pas que cette croyance est une erreur, mais si vous refusez de croire que le doux esprit d'amour est crucifié chaque jour sur la croix sombre de vos convoitises égoïstes, alors je dis que vous vous trompez dans cette incrédulité, et que vous n'avez pas encore vu de loin l'amour de Christ.

Tu dis que tu as goûté le salut dans l'amour de Christ. Avez-vous été libéré de votre mauvaise humeur, de votre susceptibilité, de votre vanité, de votre réticence personnelle, de votre jugement des autres ? Sinon, de quoi avez-vous été libéré, et où avez-vous goûté l'amour salvifique de Christ ?

Celui qui a maîtrisé l'amour divin est devenu un homme nouveau et a cessé d'être ballotté et dominé par les anciens éléments de l'égoïsme. Il est connu pour sa patience, sa pureté, sa maîtrise de soi, son grand amour pour l'humanité et sa gentillesse inaltérable.

L'amour divin et désintéressé n'est pas seulement un sentiment ou une émotion ; c'est un état de connaissance qui détruit le règne du mal et la croyance au mal, et élève l'âme jusqu'à l'heureuse assurance du plus grand bien. Pour les divinement éclairés, la connaissance et l'amour sont un et inséparables.

Le monde entier se dirige vers la possession de cet amour divin, dans ce but tout l'univers est né, et chaque fois que l'on tend vers le bonheur et que l'âme cherche des idéaux, on fait un effort pour posséder pour en sortir. Mais le monde ne peut pas obtenir cet amour maintenant, parce qu'il s'accroche à une ombre qui s'estompe et dans son aveuglement nie la matière. La souffrance et le chagrin continuent et doivent continuer, jusqu'à ce que le monde, discipliné par la douleur auto-imposée, découvre que l'amour divin est désintéressé, calme et plein de paix.Et cet amour, cette sagesse et cette paix, cet état d'esprit calme peuvent être obtenus par tous ceux qui sont disposés et prêts à se renier, et qui sont disposés à comprendre humblement ce que signifie l'abnégation. Il n'y a pas de pouvoir arbitraire dans l'univers, et les signes les plus forts du destin par lesquels les hommes sont liés sont eux-mêmes forgés. Les hommes sont enchaînés à ce qui cause la souffrance, parce qu'ils désirent et aiment tellement leurs chaînes, ils pensent que leur petit cachot sombre d'égoïsme est glorieux et beau, et ils craignent qu'en quittant ce cachot, ils perdent tout ce qui est réel et digne d'être possédé.

Vous souffrez par vous-même, personne d'autre ne vous force.

Personne d'autre ne te domine dans la vie ni dans la mort.

Le pouvoir intérieur qui a forgé les chaînes et créé l'église étroite et sombre peut aussi tout briser, si c'est la volonté de l'homme, et c'est la volonté de l'âme de le faire quand elle a reconnu l'inutilité de ce donjon, quand un long temps de souffrance a préparé l'âme à recevoir la lumière illimitée de l'amour.

Comme l'ombre suit la forme, et comme la fumée suit le feu, ainsi l'effet suit la cause, et la souffrance et la félicité suivent les pensées et les actions de l'homme. Il n'y a pas d'effet dans le monde qui nous entoure mais il a sa cause cachée ou apparente, et cette cause est conforme à la justice absolue. Les hommes récoltent une moisson de souffrance, parce que dans un passé proche ou lointain ils ont semé les graines du mal ; ils recueillent également une moisson de salut à la suite de leur propre semence de la semence du bien. Que l'homme réfléchisse à cela, qu'il essaie de comprendre cela, et alors il commencera à ne semer que les graines du bien et à brûler les mauvaises herbes qui poussaient autrefois dans le jardin de son cœur.

Le monde ne comprend pas l'amour divin, parce qu'il est engagé dans la poursuite de ses propres plaisirs, et est limité par les limites étroites des intérêts périssables, et dans son ignorance prend ces plaisirs et intérêts pour des choses réelles et permanentes.

Prise dans les flammes de la luxure sensuelle et brûlante de désir, elle ne voit pas la beauté pure et paisible de la vérité. Se nourrissant du trot du porc de l'erreur et de l'auto-illusion, elle est exclue de la maison d'amour qui voit tout du Père. Ne possédant ni ne comprenant cet amour, les hommes introduisent d'innombrables réformes qui ne coûtent rien au sacrifice de soi, et chacun d'eux pense que sa réforme rendra le monde meilleur pour le bien, tandis que lui-même continue à engendrer le mal dans son propre cœur. Seule cette réforme peut être ainsi appelée, qui sert à améliorer le cœur humain, car toute méchanceté y surgit, et ce n'est que lorsque le monde, renonçant à l'égoïsme et à la partisanerie, aura appris la leçon de l'amour divin, qu'il entrera dans l'âge d'or de l'universalité. bonheur. vivre.

Que les riches ne méprisent plus les pauvres et que les pauvres ne condamnent plus les riches ; que l'avide apprenne à donner et que le sensuel devienne pur ; que l'homme du parti cesse de se battre et apprenne à l'inhumain à pardonner ; que les jaloux se réjouissent avec les autres et que les calomniateurs aient honte de leur conduite. Laissez les gens prendre cette route et alors l'âge d'or commencera. Celui qui purifie son propre cœur est donc le plus grand bienfaiteur de l'humanité. Et pourtant, bien que le monde ne soit pas dans l'âge d'or, et qu'il n'y sera pas avant de nombreux siècles jusqu'à ce que l'amour désintéressé règne partout, vous pouvez néanmoins y vivre si vous le voulez à partir de maintenant, si vous vous élevez au-dessus de votre nature égoïste, si tu passeras des préjugés, de la haine et de la condamnation à un amour doux et indulgent.

Là où règnent la haine, le manque d'amour et les préjugés, l'amour ne peut habiter. Elle demeure seule dans le cœur qui a renoncé à tout préjugé.

Vous dites : « Comment puis-je aimer l'ivrogne, l'hypocrite, le trompeur, l'assassin ? Je suis obligé d'éprouver de l'aversion pour de telles personnes et de les condamner."

Il est vrai que vous ne pouvez pas aimer de telles personnes avec vos sentiments, mais quand vous dites que vous devez nécessairement haïr et condamner, alors vous montrez que vous ne connaissez pas le grand amour qui contrôle tout, car il est possible d'atteindre un tel état d'illumination intérieure qui vous permettra de voir le lien de causes par lequel ces personnes sont devenues ce qu'ils sont, de plonger dans leur souffrance intérieure et de connaître la certitude de leur purification finale. Doté d'une telle connaissance, il vous sera tout à fait impossible de les haïr ou de les condamner plus longtemps, et alors vous penserez toujours à eux avec un calme complet et une profonde compassion. Si vous aimez les hommes et parlez d'eux avec des louanges jusqu'à ce qu'à un certain moment ils vous contrecarrent ou fassent quelque chose que vous désapprouvez, puis si vous les détestez et leur parlez défavorablement, vous n'êtes pas contrôlé par l'amour qui est de Dieu. Si vous condamnez constamment les autres dans votre cœur, il n'y a pas d'amour désintéressé pour vous.

Celui qui sait que l'amour est caché sous toutes choses, et qui a compris le pouvoir tout-suffisant de cet amour, n'a pas de place dans son cœur pour la condamnation.

Les hommes qui ne connaissent pas cet amour s'érigent en juges de leurs semblables, oubliant qu'il y a un juge éternel, et dans la mesure où quelqu'un diffère d'eux dans leurs sentiments, leurs corrections particulières et leurs méthodes, ils les condamnent comme fanatiques, partiaux, hypocrite et malhonnête ; et dans la mesure où d'autres se rapprochent de leur niveau, ils les trouvent admirables. Tels sont les gens qui ne pensent qu'à eux-mêmes. Mais celui dont le cœur est rempli d'amour divin ne marque pas ainsi les hommes ; il ne veut pas persuader tous les hommes de son opinion, ni les convaincre de l'excellence de ses méthodes. Connaissant la loi de l'amour, il la vit et maintient le même état d'esprit calme et la même gentillesse envers tous. Les méchants et les vertueux, les insensés et les sages, les savants et les ignorants, les égoïstes et les désintéressés reçoivent tous également la bénédiction de ses pensées silencieuses.

On ne peut arriver à cette connaissance sublime, à cet amour divin, que par une discipline constante sur soi-même et par la victoire sur la victoirà réaliser pour eux-mêmes. Seuls les cœurs purs voient Dieu, et lorsque votre cœur est suffisamment purifié, vous entrerez dans la Nouvelle Naissance, et l'amour qui ne meurt pas, ni ne change, ni ne finit dans la douleur et le chagrin, sera ressuscité en vous et la paix totale sera être votre part.

Celui qui cherche à obtenir l'amour divin cherche toujours à vaincre l'esprit de condamnation, car là où il y a pure connaissance spirituelle, la condamnation ne peut exister, et c'est seulement dans le cœur qui ne juge pas les autres que l'amour est parfait.

Le chrétien condamne l'athée ; l'athée se moque du chrétien ; le catholique et le protestant vivent dans des luttes constantes, et l'esprit de haine et de dégoût règne là où il devrait y avoir paix et amour.

« Celui qui hait son frère est un meurtrier, celui qui crucifie le divin Esprit d'amour ; et jusqu'à ce que vous puissiez considérer les hommes de toute religion et sans religion avec le même esprit impartial, libre de toute préférence et avec une équanimité parfaite, vous devez lutter pour cet amour qui donne la liberté et le salut à son possesseur. La réalisation de la connaissance divine et de l'amour désintéressé détruit complètement l'esprit de condamnation, dissipe tout mal et élève notre conscience à cette hauteur de foi pure, où l'amour, la bonté et la justice nous remplissent complètement et se révèlent universellement indestructibles, conquérant tout. .

Cultivez dans votre esprit des pensées fortes, impartiales et douces, pleines de pureté et de compassion, apprenez à vous taire ou à ne prononcer qu'un langage vrai et chaste, et vous marcherez dans la voie du salut et de la paix, et vous vous élèverez enfin vers l'immortel aimer. Ainsi vivant, vous convaincrez sans essayer de convertir, vous enseignerez sans raisonner, et vous n'aimerez pas l'ambition ! pourtant les sages t'inventeront, et sans essayer d'obtenir l'approbation des hommes, pourtant tu soumettras leurs cœurs. Car l'amour conquiert et est tout-puissant, et les pensées, les actions et les paroles d'amour ne peuvent jamais périr.

Savoir que l'amour est universel, suprême, tout-suffisant, être libre des liens du mal, d'agitation intérieure, à savoir que tous les hommes s'efforcent d'obtenir la vérité à leur manière, d'être satisfaits et joyeux, c'est-à-dire la paix et la joie, l'immortalité, la divinité, c'est la réalisation de l'amour désintéressé.

Je me suis tenu sur le rivage et j'ai vu que les rochers,

A résisté au martèlement de la puissante mer,

Et quand j'ai pensé à d'innombrables chocs,

Ils ont résisté toute l'éternité,

Ai-je dit : „pour détruire ce grand univers

Les efforts incessants des vagues sont-ils vains ?

Mais quand j'ai pensé comment ils avaient déchiré les rochers,

Et j'ai vu le sable et les fragments de pierre à mes pieds,

(Pauvres restes passifs de la force passée)

Jetés partout où l'eau les emmenait,

Alors j'aperçus d'anciennes frontières terrestres sous les flots,

Et savais-je que les eaux considéraient les pierres comme leurs esclaves.

J'ai vu les œuvres puissantes opérées par les eaux,

Par flux patient et flux constant,

Comment ils avaient apporté le promontoire le plus fier

A leurs pieds et des collines massives avaient fait tomber,

Comment les gouttes douces brisent le mur dur comme du diamant

Enfin vaincu et fait chuter.

Et puis j'ai su que le péché dur et récalcitrant

Cèderait enfin à la douce impulsion de l'amour,

Va et vient, coule toujours

Sur les fiers rochers de l'âme humaine,

Que toute résistance serait vaincue,

Et chaque cœur humain céderait enfin.

5.

Entrer dans l'infini

Depuis les temps les plus reculés, l'homme, malgré ses besoins et ses désirs corporels, au milieu de toutes les choses terrestres et périssables, a toujours été conscient, comme par inspiration, du caractère limité, transitoire et temporel de son existence matérielle et dans son des moments calmes et tranquilles, il a cherché à comprendre l'infini et s'est tourné avec un profond désir vers le repos permanent dans le sein du Tout-Puissant. Alors qu'on imagine bêtement que les plaisirs de cette terre sont réels et suffisants, la douleur et le chagrin nous rappellent sans cesse qu'ils sont irréels et éphémères. Alors que l'homme s'efforce toujours de croire que la satisfaction complète peut être trouvée dans les choses matérielles, il est conscient d'un déni intérieur et persistant de cette croyance, qui est en même temps une preuve de sa mortalité et de la vérité de l'affirmation que seule dans l'immortel, la satisfaction durable éternelle et infinie et la paix ininterrompue peuvent être trouvées.

Et voici le fondement universel de la foi, la racine et la source de toute religion ; voici l'âme de la Fraternité et le noyau de l'amour - que l'homme par sa nature est entièrement spirituel, divin et éternel, et que, dans une condition mortelle et troublé par l'agitation, il s'efforce toujours de prendre conscience de sa vraie nature .

L'esprit de l'homme est inséparable de l'infini, et ne peut qu'en être satisfait, et le fardeau du chagrin pèsera toujours sur le cœur de l'homme, et les ombres du chagrin obscurciront son chemin, jusqu'à ce que, renonçant à ses errances dans le monde du rêve de la matière, il retourne chez lui dans la réalité de l'Éternel.

Comme la plus petite goutte d'eau de l'océan possède toutes les qualités de ce même océan, ainsi l'homme, séparé dans la conscience de l'Infini, contient pourtant en lui sa ressemblance, tout comme la goutte d'eau, par la loi de sa nature, doit retrouver enfin le chemin de l'océan et se perdre dans ses profondeurs silencieuses, ainsi doit l'homme, selon la loi infaillible, de sa nature retourne enfin à son origine et se perd dans le grand océan de l'infini.

Redevenir un avec l'infini est le but ultime de l'homme. Entrer en parfaite harmonie avec la loi éternelle, c'est la sagesse, l'amour et la paix. Mais cette condition divine est incompréhensible pour l'homme égoïste et le sera toujours.

La personnalité, la séparation, l'égoïsme sont tous les mêmes et une antithèse de la sagesse et de la divinité. Grâce à l'abandon total de notre personnalité, l'égoïsme et la séparation diminuent, et l'homme entre en possession de son héritage céleste d'immortalité et d'infinité.

Un tel abandon de la personnalité est considéré par l'esprit mondain et égoïste comme la pire de toutes les calamités, la perte la plus irréparable, et pourtant c'est la seule grande et incomparable bénédiction, le seul gain véritable et durable. L'esprit, non éclairé sur les lois intimes de notre être, sur la nature et le destin de sa propre vie, s'accroche à des apparences passagères, sans essence, et périt ainsi dans cette vie terrestre parmi les restes épars de ses propres illusions.

Les hommes s'accrochent à la chair comme si elle devait durer éternellement, et bien qu'ils connaissent la proximité et l'inévitabilité de la dissolution de la chair, la peur de la mort et la perte de tout ce qu'ils possèdent obscurcissent leurs heures les plus heureuses et l'ombre froide de leur vie. leur propre égoïsme les suit comme un fantôme menaçant. Par l'accumulation de conforts et de plaisirs temporels, la divinité en l'homme est étouffée et il s'enfonce de plus en plus profondément dans la matière, dans la vie périssable des sens, et quand il y a suffisamment de compréhension, les théories de l'immortalité de la chair sont considérées comme infaillibles. vérité. Lorsque l'âme d'un homme est obscurcie par l'égoïsme sous une forme ou une autre, il perd le pouvoir de discernement spirituel et confond le périssable avec le permanent, la mortalité avec l'immortalité et l'erreur avec la vérité. De cette façon, le monde est devenu rempli de théories et de l'hypothèses qui n'ont aucun fondement dans l'expérience humaine.

Tout corps charnel contient en lui-même, dès l'heure de sa naissance, les éléments de sa propre destruction, et par la loi immuable de sa propre nature il doit disparaître.

Le périssable dans l'univers ne peut jamais devenir permanent ; l'impérissable ne peut jamais passer ? le mortel ne peut jamais devenir immortel, l'immortel ne peut jamais mourir ; le temporel ne peut devenir éternel ni l'éternel temporel ; l'apparence ne peut jamais devenir réalité, ni la réalité sembler ; l'erreur ne peut jamais devenir vérité ni vérité erreur.

L'homme ne peut pas rendre la chair immortelle, mais en conquérant la chair, en tuant toutes ses inclinations, il peut entrer dans le domaine de l'immortalité. "Dieu seul est immortel, et ce n'est qu'en maîtrisant l'état de conscience divin que l'homme atteint l'immortalité. Toute la nature dans ses milliers de formes de vie est changeante, transitoire. Seul le principe d'enseignement de la nature demeure. La nature est une multitude séparée en parties. Le principe d'enseignement est un et sa particularité est l'unité.

En conquérant les sens et l'égoïsme qui nous habite, qui est la victoire sur notre nature, l'homme émerge de la coquille du personnel et de l'imaginaire et passe dans la lumière glorieuse de l'impersonnel dans la sphère de la vérité universelle, de dont procèdent toutes les formes périssables.

Alors laissez les gens pratiquer l'abnégation; qu'ils surmontent leurs tendances bestiales et refusent d'être les serviteurs serviles du luxe et du plaisir ; qu'ils pratiquent la vertu, jusqu'à ce qu'ils deviennent enfin divins et apprennent pleinement ce que sont l'humilité, la douceur, le pardon, la compassion et l'amour, dont la compréhension est la divinité.

Par la bonté notre entendement est éclairé, et seul celui qui a conquis sa personnalité de telle manière qu'il est bien disposé envers toutes les créatures possède seul cette perspicacité divine et est capable pour distinguer le vrai du faux. Le juste est donc à la fois sage, divin, de nature exaltée, égal en esprit au Dieu éternel. Là où tu trouves une douceur continuelle, une patience indulgente, une humilité exaltée, la gentillesse, la maîtrise de soi, l'oubli de soi, une sympathie pleine et profonde, cherche la plus haute sagesse, cherche l'association d'un tel homme, car il connaît Dieu, il vit avec le Tout-Puissant, et est un, devenu avec l'infini. Ne croyez pas celui qui est impatient, enclin à la colère, qui est flamboyant, qui s'accroche au plaisir et à la satisfaction de ses propres désirs égoïstes, qui ne connaîtra rien à la bonté et à la compassion, car tel n'est pas sage, tout son savoir est vanité, son les œuvres et les paroles passeront, car elles sont fondées sur le périssable.

Qu'un homme renie son ancienne nature, conquiert le monde et néglige ses propres intérêts personnels, ce n'est que par cette voie qu'il peut entrer au cœur de l'Infini.

Le monde, le corps, la personnalité ne sont que des réflexions sur le désert du temps ; des rêves transitoires dans la nuit noire du sommeil spirituel, et ceux qui ont traversé le désert, qui sont spirituellement éveillés, n'ont saisi que la réalité, où toutes les apparences sont dispersées et les rêves et les illusions détruits.

Il y a une grande loi qui exige une obéissance inconditionnelle, un principe d'unité, qui est le fondement de toute diversité, une vérité éternelle, dans laquelle tous les problèmes de la terre passent comme des ombres. Pour réaliser cette loi, cette unité, cette vérité, il faut entrer dans l'infini et devenir un avec l'Éternel.

Établir sa vie dans la grande loi de l'amour, c'est entrer dans le repos, l'harmonie et la paix. Renoncer à toute part de colère et de conflits, résister au mal et ne jamais abandonner le bien, et vivre dans une obéissance parfaite au calme sacré en nous, cela signifie. avoir le pouvoir de pénétrer au cœur des choses, d'avoir une expérience consciente de ce principe éternel et infini, qui est toujours un secret caché doit rester de nos esprits. Tant que ce principe n'est pas réalisé, l'âme n'est pas en paix, et celui qui l'a maîtrisé est vraiment sage, non pas avec la sagesse des savants, mais avec la simplicité d'un cœur irréprochable et d'une humanité divine. Devenus participants de l'Infini et de l'Éternel, on est au-delà du temps, du monde et du corps, qui constituent le royaume des ténèbres, et on est fondé sur l'immortalité, le Ciel et l'Esprit, qui constituent le royaume de la Lumière.

Entrer dans l'infini n'est pas simplement une théorie ou une question de sentiment. C'est un principe vivant, résultat d'une pratique constante de purification intérieure. Lorsque le corps n'est plus considéré comme le véritable homme, lorsque toutes les convoitises et tous les désirs ont été entièrement maîtrisés et purifiés ; les émotions sont calmées et calmées, et lorsque le balancement du mental cesse et que l'équilibre parfait est établi, alors et pas avant, la conscience ne fait qu'un avec l'infini ; alors seulement s'établissent la sagesse filiale et la paix profonde.

Les hommes se lassent et se lassent des sombres énigmes de la vie, et finissent par aller vers d'autres régions sans les résoudre, parce qu'ils ne voient aucun moyen d'échapper aux ténèbres de la personnalité, car ils sont trop absorbés par des futilités. Voulant sauver sa propre vie, l'homme perd la plus grande vie impersonnelle dans la vérité, s'accrochant à l'éphémère, il est exclu de la connaissance de l'Éternel.

Dans l'abandon de soi-même, toutes les objections sont surmontées, et il n'y a pas d'erreur dans l'univers qui ne soit brûlée comme de la paille par le feu du sacrifice intérieur ; aucun doute, aussi grand soit-il, mais il disparaîtra comme une ombre à la lumière interrogatrice de l'abnégation. Les problèmes insolubles n'existent que dans nos propres illusions inventées par nous-mêmes, et ils disparaissent complètement lorsque l'égoïsme est éteint. L'égoïsme et l'erreur sont d'importance égale. L'erreur est cachée, est cachée dans l'obscurité de la complexité insondable, mais la simplicité éternelle est la gloire de la vérité.

L'égoïsme exclut l'homme de la vérité, et en cherchant son propre bonheur personnel, il perd la béatitude plus profonde, plus pure et plus permanente. Carlyle dit : « Il y a quelque chose de plus élevé chez l'homme que le désir de bonheur. Il peut vivre sans bonheur, si au contraire il ne trouve que le bonheur.

.... N'aimez pas le monde, mais Dieu. C'est le Oui et l'Amen éternels, où la contradiction est résolue, et c'est bien pour celui qui marche et travaille ainsi.

Celui qui a renoncé à l'égoïsme, cette personnalité à laquelle les hommes doivent aimer et à laquelle ils s'accrochent avec tant de véhémence, est sorti de toute confusion et est entré dans une simplicité si profonde que le monde, empêtré dans un filet d'erreurs, est celui qu'il pense être une bêtise. Pourtant, tel a obtenu la sagesse la plus élevée et repose dans l'Infini. Il travaille sans faire entendre sa voix dans les rues, toutes les énigmes sont résolues pour lui, car il est entré dans le domaine de la réalité et n'a plus affaire aux effets changeants, mais aux principes immuables des choses. Il est éclairé par une sagesse tellement supérieure à la logique que la raison l'est à l'instinct.

  Ayant abandonné ses convoitises, ses erreurs, ses opinions et ses préjugés, il est entré en possession de la connaissance de Dieu, ayant détruit en lui la convoitise égoïste du ciel et la conception ignorante de l'enfer ; ayant même renoncé à l'amour de la vie, il a obtenu la plus grande béatitude et la vie éternelle, la vie qui unit la mort et la vie et connaît sa propre immortalité. Ayant tout abandonné sans réserve, il a tout gagné et repose en paix au sein de l'infini.

  Seul celui qui est tellement libéré de l'égoïsme qu'il lui est aussi bon de mourir que de vivre est apte à entrer dans l'Infini. Seul celui qui, ne se faisant plus confiance, a appris à se fier entièrement à la grande loi, le bien suprême, est prêt à participer à la béatitude immortelle, car il n'y a ni regret, ni déception, ni remords, car là où tout égoïsme est parti, c'est possible que la souffrance n'existe pas ; quoi qu'il arrive, il sait que c'est pour son bien, et il se contente de n'être plus le serviteur de l'égoïsme, mais le serviteur du Suprême.

Il n'est plus touché par les changements de cette terre, et quand il entend parler de guerres et de rumeurs de guerres son âme n'est pas troublée, là où les hommes deviennent méchants, cyniques et querelleurs, là il donne compassion et amour. Bien que l'apparence soit différente, il sait que le monde continue et que :

« En riant et en pleurant,

En vivant et en préservant,

Par la folie et le travail tissé

Homme intérieur et extérieur,

Jusqu'à la fin du commencement,

Par toute vertu et tout péché,

Courir à travers le tissu de progrès de Dieu

Le fil d'or de la lumière.

Lorsqu'une grande tempête fait rage, personne ne s'en fâche, car les hommes savent qu'elle sera bientôt finie, et lorsque les tempêtes de la bataille dévastent le monde, sait le sage qui considère tout cela du point de vue de la vérité et de la compassion, que ils seront bientôt terminés, et que des restes des cœurs brisés qui restent seront édifiés le temple immortel de la sagesse.

Exalté patient, infiniment compatissant, profond, calme et pur, même sa présence est une bénédiction, et quand il parle, les hommes méditent ses paroles dans leur cœur et par eux s'envolent vers des royaumes plus élevés. Tel est celui qui est entré dans l'infini, qui par le pouvoir du plus grand sacrifice de soi a résolu l'énigme sacrée de la vie :

Pour découvrir la Vie, le Destin et la Vérité,

Cherché le sombre Sphinx dans le labyrinthe,

Qui m'a dit ces paroles étranges et merveilleuses :

« La dissimulation ne réside que dans les yeux aveuglés,

Et Dieu seul voit la forme de Dieu.

J'ai essayé de percer ce secret caché

Et marcha en vain sur le chemin de l'aveuglement et de la douleur,

Mais quand j'ai trouvé le chemin de l'amour et de la paix, J'ai gardé le secret et je n'étais plus aveugle ;

Alors j'ai aussi vu Dieu avec les yeux de Dieu.

6.
Saints, sages et sauveurs; la loi du service

L'esprit d'amour, révélé comme une vie parfaite et complète, est le couronnement de notre existence et la fin de la connaissance sur cette terre.

La mesure de la vérité d'un homme est la mesure de son amour, et la vérité est bien éloignée de celui dont la vie n'est pas dominée par l'amour. Les fanatiques et les condamnateurs, même s'ils professent la plus haute forme de religion, ont la moindre mesure de vérité ; tandis que ceux qui font preuve de patience et qui écoutent tout calmement et sans excitation, après des considérations mûrement réfléchies, parviennent eux-mêmes à une bonne compréhension de la vérité, et y conduisent les autres aussi.

Le dernier test de sagesse est — comment vit-on ? Quel esprit émane de lui ? Comment agit-il face à l'épreuve et à la tentation ? Beaucoup de gens prétendent détenir la vérité, qui sont sans cesse secoués de déception et de passion, et qui sombrent à la première petite épreuve qui leur arrive. La vérité n'a de sens que si elle est immuable, et dans la mesure où l'homme prend position sur la vérité, il devient ferme dans la vertu, s'élevant au-dessus de ses passions, de ses affections et de sa personnalité changeante.

Les hommes forment des dogmes périssables et les appellent vérité. La vérité ne peut pas être mise en mots, elle est bien au-delà de l'explication de l'esprit. Elle ne peut être ressentie que par l'expérience et révélée comme un cœur immaculé et une vie parfaite.

Qui détient alors toute la vérité dans tout le gâchis des systèmes et des croyances ? Celui qui les montre et les pratique tout au long de sa vie. Celui qui s'est élevé au-dessus de ce chaos en se conquérant, ne s'y confond plus, mais reste isolé, calme, soumis, calme et égocentrique, libre de tout conflit, de toute condamnation et accorde à tous l'amour joyeux et désintéressé la divinité qui est en lui.

Celui qui est patient, calme, silencieux et indulgent en toutes circonstances révèle la vérité. La vérité ne sera jamais prouvée par de longs arguments et des discours savants, car si les hommes ne perçoivent pas la vérité dans une patience infinie, un pardon éternel et une compassion totale, les mots peuvent leur faire comprendre leur nombre. Il est facile pour les personnes colériques d'être calmes et patientes lorsqu'elles sont seules ou dans un environnement calme. De même, il est facile pour les personnes de mauvaise humeur d'être douces et gentilles, quand elles sont également traitées avec bonté, mais celui qui peut garder sa patience et son sang-froid dans toutes les épreuves, qui reste sublime calme et tranquille dans les circonstances les plus difficiles, cet homme seul possède la vérité la plus pure. Et il en est ainsi parce que ces vertus sublimes appartiennent à la divinité, et ne peuvent être révélées que par celui qui a atteint la plus haute sagesse, qui a renoncé à sa nature passionnée et égoïste, qui a observé la loi belle et immuable, et qui est dans l'harmonie avec elle a apporté. Que les hommes s'abstiennent donc de faire des arguments vains et passionnés sur la vérité, et qu'ils pensent et disent des choses qui cultivent l'harmonie, la paix, l'amour et la bonne volonté.

Qu'ils pratiquent la vertu, recherchent humblement et assidûment la vérité, qui libère l'âme de toute erreur et de tout péché, de tout ce qui corrompt le cœur humain, et obscurcit d'une obscurité sans fin le chemin des âmes qui parcourent cette terre.

Il existe une grande loi qui englobe tout, qui est le fondement et la cause de l'origine de l'univers, la loi de l'amour. Il a été appelé par de nombreux noms dans différents pays et à différentes époques, mais derrière tous les noms, la même loi immuable peut être découverte à travers l'œil de la vérité. Les noms, les religions et les personnalités passent, mais la loi de l'amour demeure. Entrer en possession de la connaissance de cette loi, entrer en harmonie consciente avec elle, c'est devenir immortel, invincible, indestructible.

C'est à travers le camp de l'âme de vivre selon cette loi que les hommes vivent, souffrent et meurent encore et encore, et quand on les a maîtrisés, la souffrance cesse, notre égoïsme personnel s'évanouit, la vie et la mort selon la chair sont détruites, car notre conscience devient un avec le Tout-Puissant.

La loi est totalement impersonnelle et sa plus haute expression révélée est le service. Lorsque le cœur purifié a intériorisé la vérité, il est appelé à faire le dernier sacrifice, le plus grand et le plus sacré, le sacrifice de la jouissance bien méritée de la vérité. C'est par ce sacrifice que l'âme divine vient habiter parmi les hommes, revêtue du corps de la chair, contente de vivre parmi les plus petits et les plus bas, et d'être considérée comme une servante de toute l'humanité. Cette sublime humilité révélée par les sauveurs du monde est le sceau de la Divinité, et celui qui a détruit sa personnalité et est une manifestation vivante et visible de l'esprit d'amour impersonnel, éternel et incommensurable, n'est compté digne que de l'adoration du progéniture. Seul celui qui réussit à s'humilier avec cette humilité divine, qui n'est pas seulement la destruction de lui-même, mais aussi le déversement sur tous de l'esprit d'amour désintéressé, est exalté au-delà de toute mesure et reçoit la domination spirituelle sur les cœurs de l'humanité.

Tous les grands maîtres spirituels se sont privés d'opulences, de conforts et de récompenses personnels, ont rejeté le pouvoir temporel et ont vécu selon la vérité illimitée et impersonnelle qu'ils ont également proclamée. Comparez leurs vies et leurs différentes doctrines, et vous trouverez la même simplicité, le même don de soi, la même humilité, l'amour et la paix à la fois dans leur vie et dans leurs enseignements. Ils enseignaient les mêmes principes éternels, dont l'acquisition détruit tout mal. Ceux qui ont été salués et vénérés comme sauveurs du monde sont des révélations de la grande loi impersonnelle, et en tant que tels libres de passion et de préjugés, et n'ayant aucune conviction ou doctrine spéciale à prêcher, ils ne cherchent jamais à se convertir et à faire des prosélytes. Vivant dans la plus haute bonté, la plus belle perfection, leur seul objet était d'abolir l'humanité en manifestant cette bonté en pensée, en parole et en action. Ils se tiennent entre l'homme personnel et le Dieu impersonnel et servent d'exemples pour le salut de l'humanité asservie.

Les gens qui se sont livrés à l'égoïsme et qui ne peuvent pas comprendre que la bonté intérieure est totalement impersonnelle, nient la divinité à tous les sauveurs de l'humanité sauf le leur, et introduisent ainsi la haine personnelle et les querelles religieuses, et alors qu'ils ont leurs propres opinions passionnément défendues, ils se considèrent comme des païens et des infidèles, et rendent ainsi, en ce qui concerne leur propre vie, nulle et non avenue la beauté désintéressée et la magnificence sublime de la vie et des enseignements de leur propre Maître. La vérité ne peut être limitée, elle ne peut jamais être le privilège spécial d'un homme, d'une école ou d'une nation, et là où la personnalité prévaut, la vérité se perd.

La gloire du saint, du sage et du sauveur, c'est qu'il a acquis la plus profonde humilité, le plus haut désintéressement ; comme il a tout renoncé, même sa propre personnalité, ses œuvres sont sacrées et durables, car elles sont exemptes de toute souillure d'égoïsme. Il donne, mais ne pense jamais à recevoir, il travaille sans regretter le passé ni intervenir dans l'avenir, et ne cherche jamais de récompense.

Lorsque l'agriculteur a labouré et ensemencé sa terre, il sait qu'il a fait tout ce qu'il pouvait et qu'il doit maintenant s'en remettre à la nature et attendre patiemment qu'avec le temps la moisson soit mûre et qu'aucune dérive de sa part ne précipite l'issue. . De même, celui qui se tient dans la vérité s'avance comme un semeur de la semence de bonté, de pureté, d'amour et de paix, sans rien attendre et sans jamais regarder le résultat, sachant que la grande loi qui prévaut partout récolte la sienne en son temps. va produire et qui est en même temps source de conservation ou de destruction.

Les gens qui n'apprécient pas la sublime simplicité, comprenant un cœur totalement désintéressé, considèrent leur propre sauveur comme la révélation d'un miracle singulier, comme un miracle totalement séparé de la nature des choses et d'une perfection éthique, totalement inaccessible à toute l'humanité. Cette incrédulité en la perfection divine de l'homme paralyse tous les efforts et enchaîne l'âme de l'homme comme avec des liens forts au péché et à la souffrance. Jésus « grandit dans la sagesse » et « devint parfait par la souffrance ». Ce que Jésus était, Il est devenu ; ce qu'était Bouddha, il le devint peu à peu ; et chaque saint le devint par une persévérance et un sacrifice de soi constants. Une fois que vous reconnaissez cela, et une fois que vous réalisez que par un effort vigilant et une persévérance pleine d'espoir, vous pouvez vous élever au-dessus de votre nature inférieure, la vue qui s'ouvrira devant vous sera grandiose et glorieuse. Bouddha a juré qu'il n'abandonnerait pas ses efforts jusqu'à ce qu'il atteigne l'état de perfection, et il a tenu son serment.

Ce que les saints, les sages, les sauveurs de l'humanité ont accompli, vous pouvez le faire de même, si vous voulez seulement suivre la voie qu'ils ont suivie et indiquée, la voie du sacrifice de soi et du service désintéressé.

La vérité est très simple. Elle dit : "Nie-toi", "Viens à moi" (loin de tout ce qui souille) "et je te donnerai du repos". Toutes les montagnes de commentaires qui en sont faits ne peuvent le cacher au cœur qui cherche sincèrement la justice. Cela ne nécessite pas d'apprentissage, la vérité peut aussi être comprise par les petits enfants. Cachée sous de nombreuses formes par l'homme égoïste égaré, la belle simplicité et la claire clarté de la vérité restent inchangées et claires devant nos yeux, et le cœur désintéressé la comprend et perçoit son éclat lumineux. La vérité est comprise non par des théories confuses, non par des hypothèses philosophiques, mais en fabriquant le tissu de la pureté intérieure, en construisant le temple d'une vie sans tache, la vérité est comprise. Celui qui emprunte cette voie sainte commence à contrôler ses passions. C'est la vertu et le commencement de la sainteté. L'homme mondain satisfait tous ses désirs et n'observe que la loi dans la mesure où cela est requis par le pays dans lequel il vit ; l'homme vertueux contrôle ses passions ; le saint attaque l'ennemi de la vérité avec force dans son propre cœur et retient toutes les pensées égoïstes et impures, tandis que le saint homme est tout à fait libre de passion, et toutes les pensées impures et la bonté et la pureté lui sont aussi naturelles que le parfum et la couleur pour la fleur. Le saint homme est divinement sage, lui seul connaît la vérité dans toute sa plénitude et est entré dans une paix et une tranquillité durables.

Pour lui le mal n'existe plus, il a disparu dans la lumière générale du Tout-Bien. La sainteté est la marque de la sagesse dit Krishna au prince Arjuna.

« Humilité, véracité et innocuité,

Patience et honneur, respect pour les sages,

Pureté, persévérance, maîtrise de soi,

Mépris du plaisir sensuel, abnégation,

Comprendre la certitude du mal,

Dans la naissance, la mort, la vieillesse, la maladie, la souffrance et le péché,

Un esprit toujours calme dans l'adversité

Ainsi que dans la prospérité..........

............Effort debout

Pour acquérir la compréhension de notre âme

Et la force de comprendre, à quoi ça servait,

Pour obtenir cela - est la vraie sagesse,
 Prince ! Et tout le reste est ignorance !

Celui qui lutte constamment contre son propre égoïsme et essaie de le remplacer par un amour qui englobe tout est un saint, qu'il vive dans une hutte ou au milieu de la richesse et de l'influence ; qu'il prêche ou qu'il vive en secret.

Pour le mondain qui aspire à des choses plus élevées, le saint comme le pur saint François d'Assise, ou comme le victorieux saint Antoine, est un spectacle glorieux et inspirant ; pour le saint est le spectacle tout aussi ravissant de voir le sage assis, pensif et saint, le vainqueur du péché et de l'affliction, qui n'est plus tourmenté par les regrets et le repentir, que même la tentation ne peut jamais atteindre, et pourtant le sage est enflammé par une encore plus glorieuse vision, du Sauveur, qui manifeste sa connaissance opérant dans le travail désintéressé . La divinité confère plus de pouvoir pour le bien en s'enfonçant dans le cœur battant, douloureux et ardent de l'humanité.

Cela seul est le vrai service : s'oublier dans l'amour de tous, se perdre dans le travail pour le tout. O homme insensé et vain, qui pense que tes nombreuses œuvres peuvent te sauver, qui enchaîné à toute erreur, parle à haute voix de toi-même, de ton travail et de tes nombreux sacrifices, et proclame ta propre importance; sache ceci, que bien que ta renommée remplisse toute la terre, toute ton œuvre tomberait en poussière, et toi-même tu devrais être compté plus bas que le plus bas dans le royaume de la vérité. Seule l'œuvre impersonnelle peut vivre, les œuvres de l'égoïsme sont impuissantes et périssables. Là où les devoirs, même minimes, sont accomplis sans intérêt personnel et avec un joyeux sacrifice de soi, il y a un vrai service et un travail durable. Là où des actions, aussi splendides et apparemment réussies soient-elles, sont faites par égoïsme, il y a ignorance de la loi du service et le travail périt.

Le monde a reçu une grande et sacrée leçon, la leçon du désintéressement absolu. Les saints, les sages et les sauveurs de tous les temps sont ceux qui se sont consacrés à cette tâche et qui l'ont apprise et vécue. Tous les écrits du monde sont écrits pour lui donner une leçon, tous les grands maîtres la répètent. C'est trop compliqué pour le monde qui trébuche avec mépris sur le chemin cahoteux de l'égoïsme. Un cœur pur est la fin de toute religion et le début de toute divinité. Chercher cette justice, c'est marcher sur le chemin de la vérité et de la paix, et celui qui marche sur ce chemin découvrira bientôt cette immortalité indépendante de la naissance et de la mort, et il découvrira que dans la dispensation divine de l'univers, l'effort le plus humble n'est pas perdu. La divinité d'un Krishna, d'un Gautama ou même du Seigneur Jésus est le couronnement de l'abnégation, la fin du pèlerinage de l'âme dans la matière et la mortalité, et le monde n'aura pas terminé son cercle tant que chaque âme ne sera pas devenue ainsi. est et est entré dans compréhension bénie de sa propre divinité.

Une gloire exaltée couronne les sommets de l'espoir conquis par une bataille ardente,

Un grand honneur revient à la tête grise qui a fait de grands travaux ;

De grandes richesses reviennent à celui qui s'efforce d'obtenir un profit en or,

Et la renommée brille sur son nom, qui fonctionne avec un esprit de génie,

Mais une plus grande gloire attend celui qui, dans le camp spirituel

Contre l'égoïsme et le mal, dans l'amour détient l'office sacerdotal,

Et plus juste honneur brille sur la couronne de celui qui sous la moquerie

Des aveugles adorateurs de l'égoïsme, portera la couronne d'épines,

Et des richesses plus pures viennent à celui qui continue à lutter,

Marcher dans les voies de l'amour et de la vérité pour le bien des hommes,

Et celui qui sert l'humanité échange une gloire passagère,

Pour la joie et la lumière éternelles, la paix et les robes de la gloire céleste.

sept.
Atteindre la paix parfaite

Dans l'univers extérieur, il y a une agitation, un changement et une agitation incessants ; au cœur de toutes choses est la paix non troublée, dans ce silence profond habite l'Éternel. L'homme partage également ce dualisme, et à la fois le changement et l'agitation de surface et le siège profond et éternel de la paix se trouvent également en lui. Comme il y a encore des profondeurs dans l'océan que les tempêtes les plus féroces ne peuvent atteindre, il y a encore des profondeurs sacrées dans le cœur de l'homme, que les tempêtes du péché et de la douleur ne peuvent jamais atteindre. Atteindre ce silence et y vivre consciemment, c'est la paix pour l'homme. La discorde est partout dans le monde extérieur, mais l'harmonie ininterrompue habite le cœur de l'univers. L'âme humaine, influencée par la passion illusoire et le chagrin, recherche aveuglément l'harmonie de l'état sans péché, et atteindre cet état et y vivre consciemment est la paix.

La haine sépare la vie des hommes, engendre la persécution et jette les nations dans de terribles guerres, mais les hommes, bien qu'ils ne comprennent pas pourquoi, conservent toujours une certaine mesure de leur croyance en éclipsant un amour parfait et en atteignant cet amour et en vivant sciemment c'est la paix .

Cette paix intérieure, ce silence, cette harmonie et cet amour, c'est le royaume des cieux, qui est si difficile à obtenir car peu se renieront et deviendront comme des petits enfants.

« La porte du ciel est très étroite et resserrée,

Les insensés ne peuvent apercevoir cette entrée,

Aveuglés sont-ils par de vaines fantaisies mondaines,

Même les clairvoyants qui voient le chemin,

Et essayant d'entrer voir la porte barrée,

Et difficile à ouvrir. Les verrous massifs

Son orgueil et sa passion, son avarice et sa luxure.

Le peuple crie « paix ! la paix ! » mais il n'y a pas de paix, au contraire rien que la discorde, l'agitation et la lutte. Séparée de cette sagesse qui appartient au sacrifice de soi, il ne peut y avoir de paix véritable et durable. La paix qui vient d'un plaisir mondain, d'un plaisir passager ou d'une victoire est éphémère par nature et brûle dans la chaleur d'une épreuve ardente. Seule la paix du ciel demeure à travers toute affliction, et seul le cœur égoïste peut goûter la paix du ciel.

Seule la sainteté est la paix immortelle. La maîtrise de soi y conduit, et la lumière toujours croissante de la sagesse guide le pèlerin sur son chemin. Elle en est aussitôt participante en quelque sorte dès que le chemin de la vertu est foulé, mais elle ne se réalise dans sa plénitude que lorsque l'égoïsme disparaît dans une vie sans tache.

"C'est la paix,

Pour vaincre l'égoïsme et les convoitises de la vie,

Passion profonde de s'arracher du cœur,

Pour éviter la lutte intérieure.

Si toi, ô lecteur, tu désires que cette lumière qui ne s'estompe jamais brille dans ton cœur, afin que tu puisses jouir d'une joie sans fin et d'un repos imperturbable ; si tu voulais mettre tes péchés de côté pour de bon, ainsi que tes chagrins, tes inquiétudes et tes ennuis ; si tu veux avoir cette béatitude, cette vie glorieuse, vaincs ton égoïsme. Amenez chaque pensée, chaque impression, chaque désir dans une obéissance complète au pouvoir divin en vous. Il n'y a pas d'autre voie de paix que celle-ci, et si vous refusez d'y marcher, vos prières et votre adhésion aux religions seront vaines et sans valeur, et ni Dieu ni les anges ne pourront vous aider. Seul celui qui vaincra reçoit la pierre blanche sur laquelle est écrit son nouveau nom.

 Isolez-vous pour un temps des choses extérieures, des plaisirs des sens et des travaux intellectuels, de l'agitation et de l'excitation du monde, et retirez-vous dans la chambre intérieure de votre cœur, libre de l'intrusion impie de tous les désirs égoïstes et là vous trouverez un silence profond, un calme sacré, un repos bienheureux, et si vous demeurez un moment dans ce lieu saint et que vous y méditez, l'œil infaillible de la vérité s'ouvrira en vous et vous verrez les choses sous leur forme réelle. Ce lieu saint en vous est votre moi réel et éternel, c'est le divin en vous et ce n'est que lorsque vous vous identifiez à cela que l'on peut dire que vous êtes "habillé et dans vos sens". C'est la demeure de la paix, le temple de la sagesse, la demeure de l'immortalité. Séparé de ce lieu de repos intérieur qu'est le Mont de la

Vue, il ne peut y avoir de véritable paix, aucune connaissance du divin, et si vous pouvez y demeurer une minute, une heure ou un jour, il vous est possible d'y être pour toujours.

Tous vos péchés et chagrins, vos peurs et vos angoisses vous appartiennent, et vous pouvez vous y accrocher ou les abandonner. De vous-même vous vous attachez à vos troubles, et de vous-même vous pouvez parvenir à une paix durable. Personne d'autre ne peut abandonner le péché pour vous, vous devez le faire vous-même. Le plus grand enseignant ne peut rien faire de plus que de marcher lui-même dans la voie de la vérité et de vous montrer cette voie, vous devez la parcourir par vous-même. Vous ne pouvez gagner la liberté et la paix que par vos propres efforts, en renonçant à ce qui lie votre âme et qui trouble votre paix.

Les anges de la paix et de la joie divines sont toujours prêts, et si vous ne les voyez pas, ne les entendez pas et ne demeurez pas avec eux, c'est parce que vous vous détournez d'eux et préférez la compagnie des mauvais esprits en vous. Vous êtes ce que vous souhaitez être, ce que vous préférez être. Vous pouvez commencer par vous purifier et, ce faisant, vous pouvez obtenir la paix ou vous pouvez refuser de vous purifier et continuer à souffrir.

Alors séparez-vous ; sortez de l'agitation et de la fièvre de la vie, loin de la chaleur dévorante de l'égoïsme, et entrez dans le lieu de repos intérieur, où l'air rafraîchissant de la paix vous apaisera, vous renouvellera et vous rafraîchira. Sortez des tempêtes du péché et de la peur. Pourquoi devriez-vous laisser votre paix être brisée et la tempête vous secouer çà et là, alors que le havre de repos est si proche ?

Abandonnez tout égoïsme, renoncez-vous à vous-même, et voici que la paix de Dieu est votre part !

Retenez l'élément animal en vous ; vaincre toute pensée égoïste, étouffer toute voix dissonante ; transformez le métal de base de votre nature égoïste en l'or pur de l'amour, et vous obtiendrez alors la vie de paix parfaite. Si vous changez ainsi et surmontez, déjà dans la chair vous traverser les eaux de la mortalité et tu atteindras ce rivage contre lequel les tempêtes de la douleur ne se brisent jamais, et où le péché, la souffrance et l'incertitude ne peuvent venir. Debout sur ce rivage, saint, compatissant, éveillé, calme et joyeux, vous vous réjouirez d'une joie infinie qui ne vous quittera pas.

"L'Esprit n'est jamais né, il ne périra jamais,

Il n'y a jamais eu un moment où il n'a pas existé ; la fin et le début ne sont que des rêves,

Sans naissance, mort, ni changement, l'Esprit demeure éternellement,

La mort ne l'atteint pas, bien que son temple semble mort.

Alors tu comprendras la signification du péché, du chagrin et de la souffrance, et qu'il y a la fin de la sagesse, tu connaîtras la cause et le résultat de l'existence.

Ayant obtenu cela, tu entreras dans le repos, car c'est la bénédiction de l'immortalité, c'est la joie et la connaissance immuables, la Sagesse Immaculée et l'Amour Immortel ; ceci et cela seul est la paix éternelle et parfaite.

Ô Toi qui veux enseigner la vérité aux hommes !

Avez-vous traversé le désert du doute ?

Es-tu purifié par le feu ? Est-ce que ça souffre

Chasser les mauvais esprits de leur propre esprit

De ton cœur ? Est-ce que ton âme est si belle

Qu'aucune mauvaise pensée ne peut y habiter ?

Ô toi qui apprendrais aux hommes à aimer !

As-tu traversé les eaux du désespoir ?

Avez-vous pleuré dans la nuit de la douleur? Est-ce à cause de ça

(Maintenant libéré du chagrin, du chagrin et des soucis)

Ton cœur humain s'est ému d'une douceur compatissante,

Pour tous les torts, la haine et la lutte constante ?

Ô Toi qui veux parler de paix aux hommes !

Tu as traversé le vaste océan de la bataille ?

Sur les rives du silence as-tu trouvé le soulagement,

De tous les tumultes sauvages de la vie ?

Est-ce que toute la lutte est partie de ton propre cœur

Et est-ce que la vérité, l'amour et la paix habitent seuls ?

www.ingramcontent.com/pod-product-compliance
Lightning Source LLC
Chambersburg PA
CBHW071352210526
45465CB00001B/60